トップ通訳ガイドが伝える

京都案内の極意

杉原利朗

淡交社

私はかけだしの見習いガイド。
LOOK!
TOUR
外国の方に京都の魅力を伝えるべく、がんばっているのですが…
ビミョーな反応…
?
しーん
?
二条城は徳川家康という武士が1603年に建てた城で、大政奉還が…
いまいちお客様に楽しんでもらえないのが悩みです
向いてないのかな…
じゃーん!!
大丈夫!
杉原先生!
あなたも素敵な京都ガイドになれます!
本当ですか!?
でも、外国の方に楽しんでもらうには、パンフレットを訳すだけではダメです
自分の中で「納得」してから説明しないと、お客様から質問の矢にあいますよ!
どうして?
なんで?
うわあー

確かに、本やパンフレットを読んでわかった気になっていたのかも～
徳川家康って誰
何のための建物？
何がすごいの？
いつから
お母さん、ここはね・・・
知らなかったわ～
でも、そこを理解してガイドすれば、日本人にだって喜んでもらえますよ！
実は、私は47歳でガイドを始めた、遅咲きのガイドなんです
英語の猛勉強から始めて、今でも勉強の日々ですが、お客様の喜ぶ顔を見ると苦労も忘れます！
ガイドって本当に素敵な仕事ですよ！
今回は特別に、私が1500回以上のガイドを通して得た「とっておき」のガイド法を伝授しましょう!!
この本を読めば観光地の見かたがきっと変わるはず！
先生、私がんばります！
グッ
秘

目次

本書について

- 本書は、トップ通訳ガイドの著者が、いつも外国人をガイディングしている内容を書籍化したものです。外国人にわかりやすいよう、あえて端的で、類型的かつ断定的な表現を使用している部分があることをご了承ください。
- 古社寺や日本の歴史に関しては諸説があり、断定できない部分もありますが、本書では著者の解釈・見解を尊重しています。
- 第3・4章の「ガイドポイント」は、著者が「外国人に紹介して喜ばれた」と実感したポイントを中心に取り上げています。
- 第3・4章の「ガイドポイント」「フォトスポット」は、原則的には著者の実際のガイディング順です。
- 第3・4章の「あわせて行きたい周辺スポット」は、交通機関を利用してのアクセスが便利な場所も含んでおり、必ずしも徒歩圏内ではありません。
- 本書の数字情報、拝観情報ほかは2018年7月現在のものです。
- 各スポットの拝観時間、料金などは変更になることがあります。また、建物が修復工事に入ることもありますので、お出かけ前によくご確認ください。

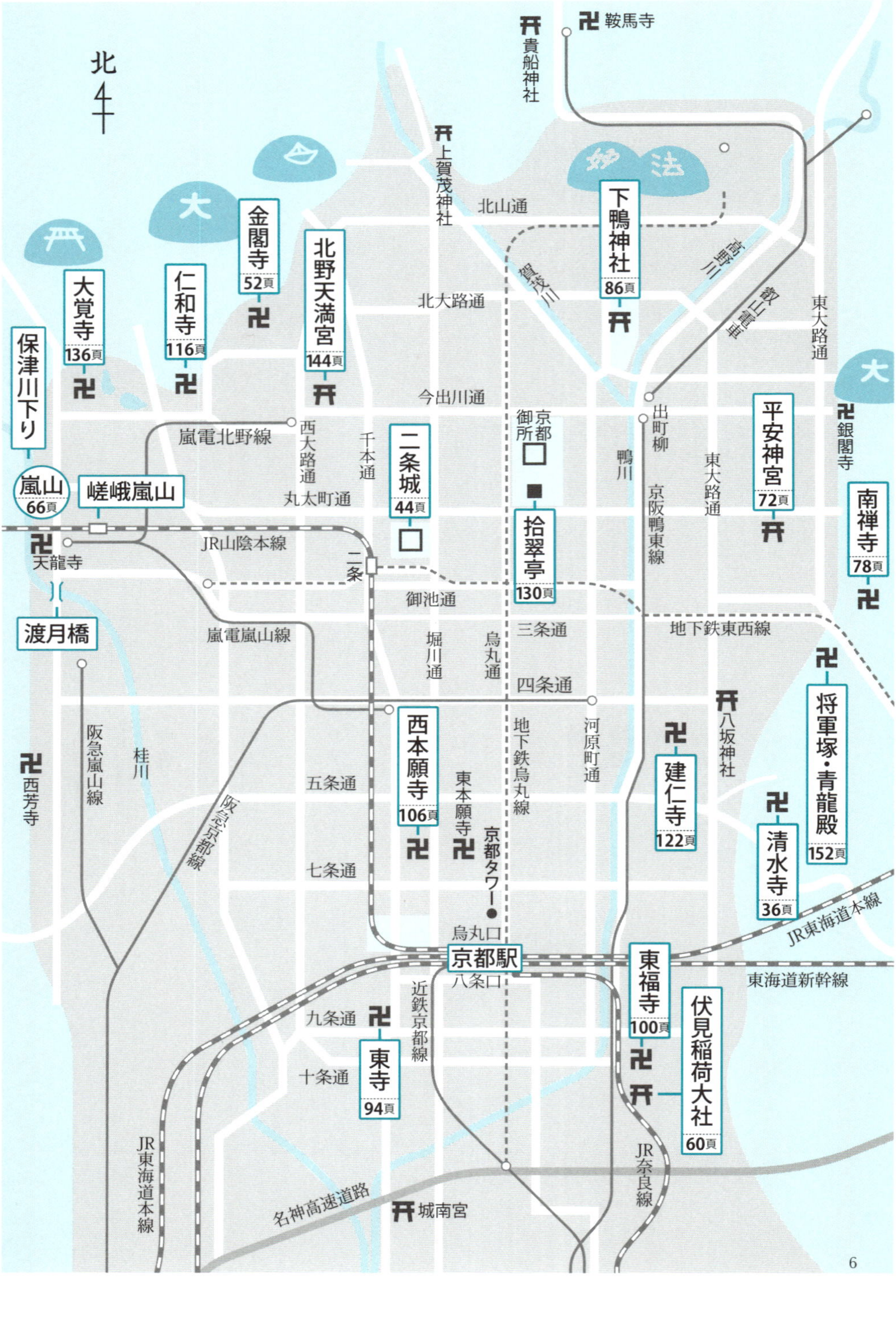
北
鞍馬寺
貴船神社
上賀茂神社
北山通
下鴨神社
86頁
金閣寺
52頁
北野天満宮
144頁
仁和寺
116頁
大覚寺
136頁
保津川下り
賀茂川
高野川
叡山電車
東大路通
北大路通
今出川通
嵐電北野線
西大路通
千本通
二条城
44頁
京都御所
出町柳
鴨川
東大路通
平安神宮
72頁
銀閣寺
南禅寺
78頁
嵐山
66頁
嵯峨嵐山
丸太町通
京阪鴨東線
拾翠亭
130頁
JR山陰本線
天龍寺
二条
渡月橋
御池通
嵐電嵐山線
三条通
地下鉄東西線
堀川通
烏丸通
四条通
将軍塚・青龍殿
152頁
八坂神社
西本願寺
106頁
河原町通
地下鉄烏丸線
西芳寺
阪急嵐山線
桂川
阪急京都線
五条通
東本願寺
建仁寺
122頁
清水寺
36頁
京都タワー
七条通
JR東海道本線
烏丸口
京都駅
八条口
東福寺
100頁
東海道新幹線
伏見稲荷大社
60頁
近鉄京都線
九条通
東寺
94頁
十条通
JR東海道本線
JR奈良線
名神高速道路
城南宮

第1章

ガイディングのコツと下準備

お客様に楽しんでもらうために、通訳ガイドには
日々の勉強や準備が不可欠です。この項では、
「そうはいっても、どこから手をつけていいかわからない」
という人のために、指針となるべき事柄を
できるだけ具体的にお伝えします。

何が期待されているかを考える

「日本の全体像」を意識する

海外から観光に来るお客様は、「端的に日本という国を説明してもらうため」にガイドを雇います。案内する場所が京都でもその他でも、お客様はまず「日本という国」が知りたいのです。ガイド業を始めたばかりの頃は、誰しもが各スポットの詳細の暗記に懸命になりますが、お客様が知りたいのは、そのスポットが「日本全体に与えた影響や意義」です。日本の全体像を常に意識しながら学習を進めることが重要です。

日本の全体像とは、日本の特徴、特性、つまり日本の〝輪郭〟です。例えば、日本の緯度や近隣諸国からの距離といった、世界における日本の位置、日本の気候風土、日本人の性格、食生活、娯楽、人気スポーツなど、ジャンルや切り口は無数にあります。自分の関心のある分野を軸に、独自の「日本概説」を持っておくとよいでしょう。大事なのは、細部に入りすぎるより、ざっくりと日本の特徴を解説することです。

お客様に興味を持ってもらえそうな話題を提供するには、日頃から「日本の時事問題、歴史、文化の事柄が、日本特有の事象なのか、世界に共通してみられる事象なのか」を常に意識しておくといいでしょう。

また、ガイドを雇ってツアーをするお客様の多くは「日本の長所を学びたい」と考えています。礼儀秩序、親切心、勤勉、清潔、治安の良さなどの日本の特長が、「何に起因するものなのか」わかりやすく説明できることがガイドには求められます。

質問には万全の対策を

お客様の中には、日本について調べてきて、疑問点を解決するためにガイドを雇う人もいます。こういったお客様に対応するには、ある程度の経験も必要ですが、まずは日々できることを地道に準備していきましょう。

まず、すでにガイド活動を始めている方は、ツアー中に質問された内容を記録する「質問ノート」をつくってみてください。回答できずに困った質問は、必ず回答を作成しておきましょう。その回答が、他のお客様にとっては興味深いプレゼンテーションになってくれます。回答できた質問でも、それに類する質問が来ることを想定して、回答をつくってみるといいでしょう。

そして、日本の事象やスポットの学習をする際は、ただ暗記するのではなく、疑問を持ちながら学習を進めて質問に備えましょう。

また、近代史を意識的に勉強することも重要です。日本の学校教育では、第二次世界大戦や天皇については、政治的に繊細なテーマであるため、詳しく触れられていません。「政治と宗教の話題はタブー」とはよく聞く話ですが、実は、お客様はガイドに対してこの種の話題をよく投げかけます。日露戦争から第二次世界大戦までの流れを、きちんと整理しておくことをおすすめします。

自分の意見をいえるということも重要です。「あなたは仏教徒か？　神道信者か？」「現政権をどう思う？」――こういう質問を受けた時、一般論ではなく、はっきりと自分の意見もいえるようにしておきましょう。意見がないと頼りないと思われることもあります。

訳すだけでは意味がない

外国人に日本のことを紹介する上で最も配慮すべきことは、当然のことですが、「外国人は日本人と異なる文化背景、思考法を持っている」ということです。日本の概説にせよ、スポットの案内にせよ、訳した外国語が文法的にいくら正しくても、日本人にしか理解できないようなバックグラウンドを含むものであれば、それは日本語で話すのと大差ありません。

異なる背景を持つ外国人に、どうガイディングすれば理解してもらえるのか――以下では、具体的な方法について述べていきます。

伝わるガイディングのコツ

固有名詞に要注意

人名や歴史的事件名などの固有名詞を使うことはできるだけ避けましょう。外国人のお客様にとって全く無意味なばかりか、疲れさせてしまうだけです。「その固有名詞を覚えていないと、その後のガイディングが理解できなくなるのではないか」という不安感を与えてしまうのです。例えば、徳川家康なら「Tokugawa the first」、徳川慶喜なら「Tokugawa the 15th」と表現してみます。こうすると、「Tokugawa」だけで済むうえに、世代経過の時間感覚も伝えることができます。

驚かれるかもしれませんが、私のガイディングにおいて、登場する日本の固有名詞はこの「Tokugawa」のみです。足利は「徳川の前の将軍家」と表現できるので、金閣、銀閣のガイディングでさえ「Ashikaga」とはいいません。神社で祭神の名前を詳しくいう必要はありませんし、その他寺院の開山や開基の固有名詞も、尋ねられない限りいいません。

要するに、「いかにお客様が理解しやすい言葉で表現するか」を重視することです。例えば、金閣寺であれば、創建者の名前よりも、その意図や施設の機能をわかりやすく説明することが一番大切なのです。私の場合、足利義満は「the founder of the Golden Temple」と表現します。もちろん義満が「将軍」という肩書の持ち主であったことも告げますが、あえて「ヨシミーツ・アシカガ」という名前は出しません。

お客様の国の固有名詞はどんどん使う

反対に、お客様の国の固有名詞は積極的に使うようにしています。「日本のことをガイディングするのに、外国の人名、地名を使うの？」と不思議に思われるかもしれません。しかし、ご自分が外国へ行って現地のガイドを雇ったと想像してみてください。ガイディングの中で、なじみのある日本人の名前などが登場すれば、とても理解しやすいですし、わざわざ日本の歴史を調べてきたガイドの熱意も伝わってきますよね。このように、人物や歴史的事件の説明では、お客様の国の歴史において共通項のある人物などを引き合いに出すと喜ばれます。

天皇と将軍をわかりやすく説明する

日本の歴史を説明する上で避けて通れないのが天皇と将軍の関係です。イギリスなど、現在も王室のある国を例に出すと理解してもらいやすくなります。すなわち、天皇は政治権力を持たない象徴的な王や女王。将軍は行政のトップである首相です。

天皇の起源を尋ねられることがあります。天皇が居住した「都」が判明している時代を原点とするなら5世紀半ばです。ただ政治体制が整った平安時代の天皇と違って、まだ発展途上にある部族社会の首領といった面があります。

一方将軍の持つ性格や役割も、坂上田村麻呂《さかのうえのたむらまろ》と徳川家康《とくがわいえやす》では大きく異なります。天皇や将軍の定義も歴史的に変化をすることを踏まえて学習していきましょう。

「事実」だけでなく「根拠」も示す

外国人は、事実の羅列を聞かされるだけでは納得しません。例えば、ある建物の高さが50mであることをお客様に告げたとします。日本人であれば、その事実をすんなり受け入れて感心してくれますが、外国人はその高さの理由を尋ねてくることがあるのです。根拠まで知ったうえで数字を提供しないと、単なる事実の受け売りと評価される恐れがあります。

そうした場合、「構造的に最も安定性があるから」「材料や技術がその時点で限界だった」など、科学的、物理的根拠を示したり、「建立者のライバルが45mの建造物を建てたので、それを凌駕するものを建てたかった」など建立者の意図を述べたりすることができれば、それ以上質問されることはありません。

各スポットの説明は、日本全体を説明する「大道具」として使う

日本の建造物の意義や機能は、建立時点から現在まで常に変遷しています。その変遷は、日本の大きな歴史の流れと密接な関係がありますので、そのターニングポイントを述べることがすなわち日本を大局的な視点から解説することになります。

自分が理解、納得できていないものをガイディングしない

ガイディングは暗誦の発表会ではありません。ガイディングが流暢であればあるほど、「暗記感」が出てしまうことがあります。本当に自分が理解していて、ガイディング内容に質問が及んでもすべて回答できる状態になったものを「じっくりと、適度な間を持って」話しましょう。お客様は「単なる暗記か」「練り上げたガイディングか」はすぐに見抜きます。

興味関心を早い段階で察知する

ガイドにとって「幅広く深みのある知識を持っている」ことは第一ですが、知識と同じくらい大切なことが「気配り」です。お客様の反応を常にチェックしながらガイディングすることを心掛け、知識の押し付けにならないよう気をつけましょう。各スポットを学習する時点において、細部まで勉強することは悪いことではありませんが、それを全部盛り込んで説明してしまうとお客様は疲れてしまいます。お客様の興味、関心に応じて対応していきましょう。

また、お客様が写真をたくさん撮られているようなら、写真撮影が不可のスポットを少なくして、写真映えするスポットにお連れするなどの配慮も大切です。

お客様の体調を把握する

知的関心とともに体調や体力も配慮の対象になります。訪問地を柔軟に変更してお客様の体調を崩さないようにせねばなりません。段差の有無や、車から降りてメインスポットにたどり着くまでの歩行距離も考慮すべき点です。

準備しておきたいもの

持ってて得する道具

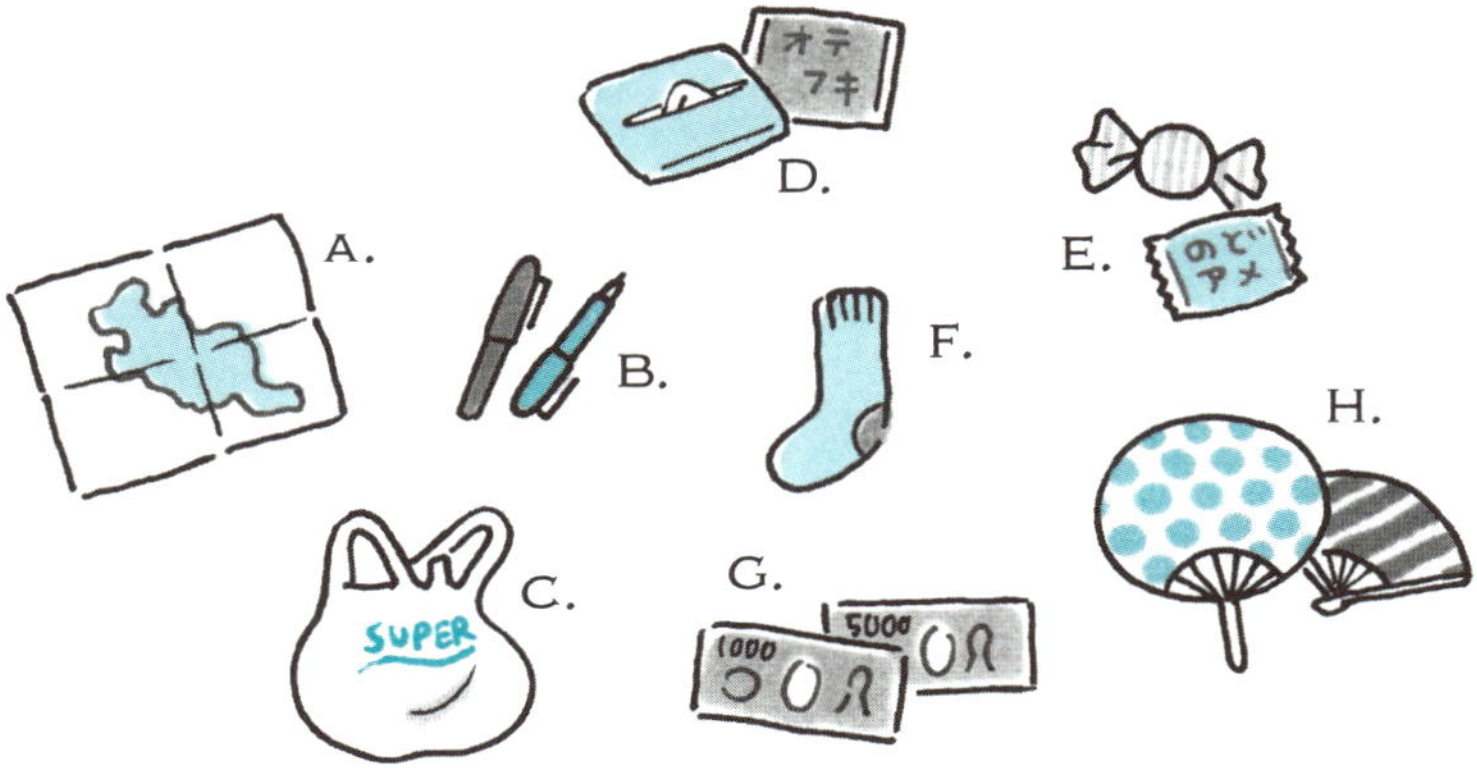

A.地図　個人のお客様にはA3サイズ(297mm×420mm)、団体のお客様はその2倍程度の大きさが便利

B.マーカーペン　出発点から訪問地をマーキングしてあげると喜ばれる

C.スーパーのレジ袋　ゴミが出た時のために

D.流せるポケットティッシュと手拭き紙

E.のど飴

F.靴下　冬の寺院拝観や、雨の日用に

G.千円札、五千円札　両替用

H.うちわ、扇子

ガイディングの小道具

「百聞は一見に如かず」「一目瞭然」とはよくいったもので、ヴィジュアルで示せる小道具はお客様の理解度を格段に高めてくれます。

◎ハンドアウト・ペーパーとプレゼント

「ミスターハンドアウト」とあだ名がつくほど、私にとって必要不可欠なアイテムです。お客様の国と日本の比較表や、日本のターニングポイント年代表、宗教人口構成等をプリントにしてお客様に渡しています。また、色紙に日本の言葉などを書いたり、折り紙などをつくってプレゼントしたりしても喜ばれます。

◎ラミネート資料

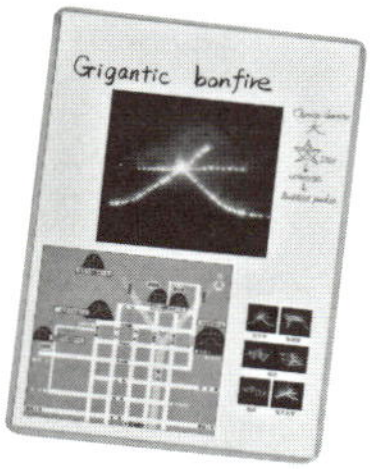

言葉だけではイメージしにくいものを画像にし、ラミネート加工して、濡れても傷まないようにしておきます。家具が全く展示されていない二条城などでは、当時の食器や火鉢、たんすなどの絵や写真を見せると喜んでいただけます。写真は「五山の送り火」を説明する資料です。

ガイディング前の学習編

以上、ガイドが押さえておくポイントをあげてきましたが、こうした話をすると、よく新人のガイドさんから「勉強することが多すぎて、何から手を付けていいのかわかりませんせん」といわれます。確かに、ガイド本や事実を記した著述は山ほどあっても、勉強のアプローチを指南してくれる書籍は皆無に近く、私も試行錯誤でガイド業をやってきました。真剣に取り組もうとする方のために、私なりの「正攻法の勉強法」をご紹介しましょう。

千里の道も一歩から

前述したように、最終目標は日本の全体像が見渡せて、高い位置から各スポットがガイディングできることですが、これは一朝一夕には到達できません。私も「千里の道も一歩から」の気持ちを持って第一歩を踏み出しました。その第一歩とは、「まず一つのスポットを案内できるように勉強する」という単純なものです。ただ、アプローチの仕方でその後の進歩に大きな差が出てきます。

パンフレット等を利用した学習法

当然ながら、スポットについての最初の情報はパンフレットやガイドブック、各所のホームページ等に頼らざるを得ません。パンフレットを、そのまま翻訳、暗記してガイディングする。もっとひどい場合は、外国語版パンフレットを丸暗記してガイディングする。これでは永久に進歩は望めませんし、お客様からの評価も得られません。パンフレットは知識の拡大を促進してくれる貴重な「キーワード集」と捉え利用すべきものです。

二条城を例にとると、「1603年」「徳川家康」「将軍」「天皇」「唐門」「障壁画」「1867年、大政奉還」「明治維新」といった用語がパンフレットに出てきます。これらをキーワードと捉え、もう一歩踏み込んで調べていきます。

「1603年」だけでも、想像を膨らませて調べれば色々なことがわかってきます。当時家康が61歳であった、イングランドではエリザベス1世が亡くなりジェームズ1世が即位した、シェイクスピアが39歳だった——断片のような情報ですが、「塵も積もれば山となる」で、勉強していくうちに点が線につながり、線が面となり、面が立体化して驚くべき情報になったり、日本や世界のことが見えてきたりします。これが後々オリジナリティあふれたガイディングのもととなるのです。

また、「徳川家康」のような日本史上の重要人物は、詳しく調べておく必要があります。生い立ち、受けた教育、考え方、政策。根っこから調べ上げた情報はガイディングに深みを与えていきます。人物研究が大切なのは、「施設や建造物は建立者の意図、思惑を具現化したもの」だからです。二条城以外のスポットの創設者も、固有名詞は出さないものの、どういう人物だったかは調べておくとガイディングの厚みが増します。

同様の学習を他のスポットでも行う

歴史という観点からすれば、二条城では主に1603年前後と1867年前後の勉強をすることになります。清水寺や東寺の場合794年前後のこと、金閣寺なら1397年前後のこと——という具合に最初は断片的ですが徐々に空白が埋まってきて、ついには一本の線につながる時が来ます。

そして、文化財の分野も、最初は断片的でもよいので、一つ一つ想像力も駆使して色々なことを調べておきましょう。まず調べるべきは「起源」。だれがいつの時代に何を目的として創造したのかを押さえます。さらに、唐門なら檜皮葺《ひわだぶき》の特性、定番の装飾物など調べます。障壁画なら、狩野探幽《かのうたんゆう》と同時代を生きた宮廷画家のヴァン・ダイクやベラスケスとの比較、顔料、絵の主題など、いくらでも広がります。

パンフレット学習で注意したいこと

まずは、自分が理解、納得するまで考えて調べることです。ガイド自身が理解できていないことをお客様に理解させることは不可能です。必ず疑問点がなくなるまで検討し、自信のないものはガイディングしません。

そして、パンフレットに載っているスポット内の各部を取捨選択すること。パンフレットに記載されていても、必ずしもガイディングする価値があるとは限りません。日本人が共有している文化的知識が相当量なければ理解できないものもあります。そういう部分に関しては、知識としては頭に入れておきますが、ガイディングからは除きます。

パンフレットの情報をそのまま受け入れないことも重要です。よく、「〇〇天皇が△△という僧侶に深く帰依して当寺を建立しました」とか「豪商〇〇が△△禅師の教えに帰依し、莫大な資産を投じて消失した伽藍を再建しました」と書かれています。このまま翻訳してガイディングすることもできますが、直訳の情報に価値はあるでしょうか？　なぜ帰依するの？　なぜ多額の資金提供をするの？　メリットは？　見返りは？　等々、疑問点が湧いてきます。「僧侶と後援者がどういう関係にあったのか」を理解していないということは、寺院が持っていた機能も理解していないということですから、本質に迫るガイディングはできません。お客様は、こういう疑問点が明確に解説されたガイディングを評価します。

学習におすすめの本

**ガイディングに厚みと深みを加えるには、
パンフレット等では不十分です。
以下では、学習におすすめの本をご紹介します。
ポイントは、まず概要を知るための本を選ぶこと、
いきなり難解な専門書から入らないことです。**

木村尚三郎監修『ぎょうせい学参まんが世界歴史人物なぜなぜ事典』シリーズ

栗岩英雄、中村太郎監修『ぎょうせい学参まんが歴史人物なぜなぜ事典』シリーズ（ぎょうせい、各全25巻、絶版、品切れ中）

子供用につくられている本は、本質がつかみやすく理解しやすいものが多くおすすめです。外国の歴史人物は、例えばシーボルト、ペリー、マッカーサーなど、日本とかかわりのあった人物を中心に勉強します。明治初期に、近代技術、制度移入のため雇用された「お雇い外国人」も押さえておくと興味を引く話題づくりができます。

その他

司馬遼太郎《しばりょうたろう》や澤田《さわだ》ふじ子、有吉佐和子《ありよしさわこ》、平岩弓枝《ひらいわゆみえ》などによる小説もおすすめです。小説なのであくまで著者による解釈ではありますが、史実に即し、本質を突いた記述も多く、ガイディングにも役立つことがあります。

梅原猛監修『新版　古寺巡礼』シリーズ（淡交社、全40巻）

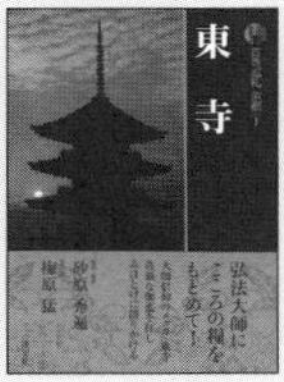

寺院別に詳しく書かれた良書。様々な分野の専門家や作家が執筆に加わっています。作家や著名人が思い入れのある寺院に寄せたエッセイが掲載されていています。特に切れ味の良いものを見つけたら、その作家の他の著書も読んでみてください。

石ノ森章太郎著『マンガ日本の歴史』シリーズ（中央公論新社、全55巻）

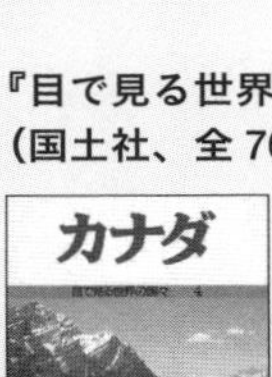

マンガではありますが、子供用ではなく史実に基づいた本格的な歴史書。解説も含め充実しており、絵も時代考証に基づいているので当時の様子のイメージが湧きます。

『目で見る世界の国々』シリーズ（国土社、全70巻、絶版、品切れ中）

国ごとに、国土、地形、気候、歴史などが解説されており、お客様の国を研究するのに役立ちます。小学校高学年～中学生を対象としており、概要をつかむのに最適。

現地の下見編

下見は、机上学習とともにガイドの最重要準備作業です。ガイドという仕事の原点は「案内」です。つまり、現地でお客様をスムーズに誘導できないとガイドとはいえないのです。現地で行う下見は必要不可欠なものであり、真剣に取り組まねばなりません。

下見は「必ず」一人で

単に現地に行くのと、下見は全く別物です。新人研修などで現地に「行った」としても、それは誘導してもらっただけの受け身的な体験であり、メモを取るのに忙しく、全体の雰囲気や道順さえ覚えていないことがあります。また、楽しいからとガイド仲間と一緒に出掛けるのもおすすめしません。どうしても妥協や物見遊山に終わってしまいがちだからです。下見は真剣勝負です。必ず一人で訪れ、納得するまで見て回りましょう。

下見でチェックするべきこと

下見にもやるべきことや段階が様々にあります。基本的なことから高度な下見まで段階を追って説明します。

☑第一印象

自分にとって、その下見が初めての訪問だった時は、その時の素直な感想や感動を記録しておきましょう。きっと同様の感想をお客様が持つでしょうから、それが「スポットの印象度の尺度」になります。

☑スポットの順路

基本順路を歩き、おおよそのタイムを計ります。二条城など、順路が比較的自由なスポットでは、お客様が最も喜ぶ順路を何通りか作成して、コース別にチェックしておきましょう。スポットが俳優なら、ガイドは演出家。見せる順序とガイディングで最大限の「振り付け」をします。訪問時間帯や順路で、雑踏を避ける方法も考えておきましょう。

☑トイレ

洋式トイレが設置されているかどうかと、その場所をチェックしておきます。

☑外国人観光客の行動

観光に来ている外国人が、どの場所で時間をかけてとどまっているのか？　どこで写真を撮るのか？　など、観察して情報を収集します。

☑現地の取材

机上で勉強して出てきた疑問点などを訪問地の関係者に尋ねてみると、意外に詳しく教えてもらえることがあります。

☑周辺の情報

レストラン、食堂、タクシー乗り場、最寄りのバス停、鉄道の駅をチェックし、スポットから徒歩での所要時間を計ります。また、土産物屋では、商品内容をチェックするとともに、外国人が購入しているものをチェックします。

☑スポット間の交通手段

スポットとスポットの間を移動する際の交通手段と所要時間、道中で目につくものをチェックしておきます。

☑あえて悪天候に行ってみる

雨天のツアーは劣悪な条件になります。あえて悪天候の日に下見をすることで、最悪の条件での対応策が見いだせることがあります。

コラム①

下見ノートをつくろう

良いガイディングに、下見は不可欠。以下は私が普段、必ずチェックしているポイントです。このほか、現地で入手したパンフレットにメモしたものも一緒に保管しています。ぜひ、本書の「境内図」やその他のスペースにも、たくさん書き込んで使ってみてくださいね。

○○寺

1 訪問日時　2018年　○月　×日　△曜日　◎時

2 天候・気温　晴れ、27℃

3 人出　入ったときから人はいたが、○○時には大混雑。

4 構成と関心　日本人35%（修学旅行生10%）アジア系40% 欧米系25%
日本人は有名な○○で写真撮影する人が多かったが、欧米系の人は○○に関心を示していた。

5ガイディングスポットの選定
○○と○○を重点的にガイドしたい。時間があれば、庭園にもお連れする。

6 滞在時間　メイン部分のみで30分、○○と○○を入れれば1時間程度か。

7 順路　指定の順路なし。
○○の庭がとても綺麗だったので、最後のとっておきとしてツアーの最後にお連れしたい。

8 施設内の土産物　境内にあり。オリジナル商品も販売していた。

9 トイレ　洋式が2つあるが、いつも行列ができている。

10 パンフレット　英語はあるが他の外国語はなし。

11 スタッフ　お寺の方はとても丁寧で親切。施設に関する知識も豊富。

12 写真スポット　○○の前は人でごった返しているので、○○の前で撮影。

13 他所からのアクセス　○○神社から○○系統のバスで20分。

14 交通機関からの距離
バス停、駅までそれぞれ7分、15分。境内を出たところにタクシー乗り場あり。

15 施設近隣の土産物屋、レストラン
参道の土産物店は充実。すぐ隣にある食堂は少し混雑気味？
出て右に○分歩いたところのオムライス屋さんが日本独自の洋食を紹介するのに良いか。

16 特記事項　境内では車椅子の貸し出しあり。
○○には靴を脱いであがる。念のためお客様用の靴下を用意。

第2章

ガイド基礎知識

京都をガイドする上で、歴史、宗教、建築等の
基礎知識は必ず必要となってきます。
この章では、私が学習の中で自分なりに整理し、
理解しやすく「ざっくり」まとめたものを紹介します。

日本、京都の基礎情報をざっくり！

海外のお客様に意外と尋ねられる機会が多いのが、人口や面積といった数字情報です。
ちなみに、日本の平均寿命は男性がおよそ81歳、女性がおよそ87歳です。

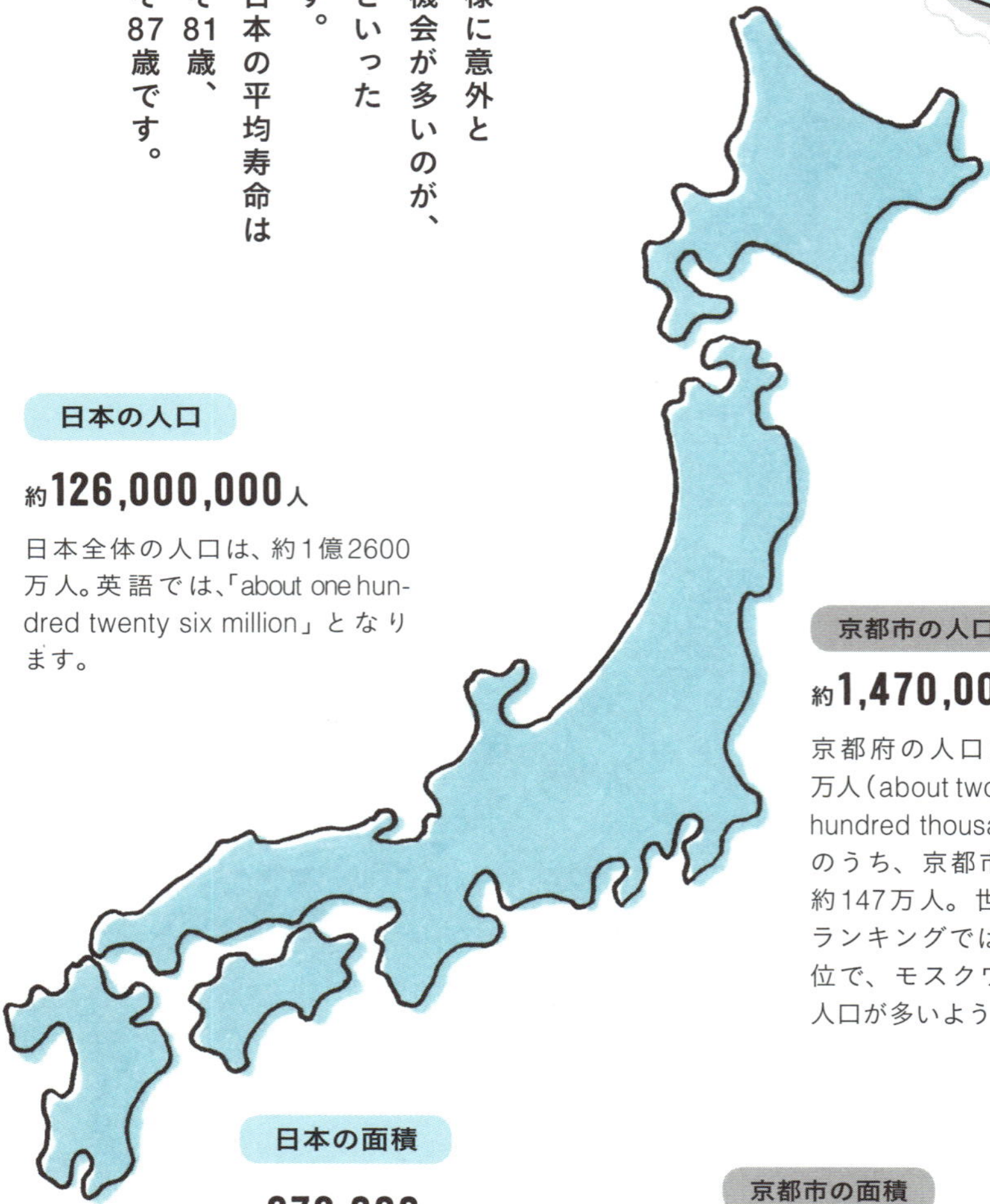

日本の人口

約126,000,000人

日本全体の人口は、約1億2600万人。英語では、「about one hundred twenty six million」となります。

京都市の人口

約1,470,000人

京都府の人口は、約260万人（about two million six hundred thousand）。そのうち、京都市の人口は約147万人。世界の都市ランキングではおよそ14位で、モスクワよりやや人口が多いようです。

日本の面積

約378,000㎢

面積は約378,000㎢。英語では、「about three hundred and seventy eight thousand square kilometers」。世界の国の大きさランキングではおよそ60位で、ドイツよりも少し大きいくらいです。

京都市の面積

約827㎢

京都府の面積は約4600㎢。京都市の面積は約827㎢。1㎢あたりに約1700人がいることになります。お客様の国と比べて紹介しましょう。

日本の建築をざっくり!

京都の観光スポットを案内するのに必要な、最低限の建築基礎知識をまとめました。

日本建築の基礎知識

瓦葺《ぶき》屋根　粘土を成型し焼いてつくった「瓦」を使用した屋根のこと。

茅《かや》葺屋根　茅でおおった屋根。

檜皮《ひわだ》葺屋根　檜《ひのき》などの樹皮でおおった屋根。

破《は》風《ふ》　切妻《きりつま》造りや入母屋《いりもや》造りの屋根の妻の三角形の部分、もしくはそこに取り付けられた板。防風、防水などの役割を果たす。

寝殿《しんでん》造り　平安中期に成立した貴族の住宅形式。中央に南面して寝殿（主人の居間）があり、その東、西、北に副屋をおいて、吹き通しの廊下で結ぶ。京都御所の清涼殿など。

書院造り　室町～桃山時代の武家住宅の様式。床の間や違い棚が特徴。二条城の二の丸御殿など。

数奇屋造り　茶室風の建築様式。装飾を省いた簡素な造りが特徴。修学院離宮など。

日本庭園の基礎用語

浄土式庭園　極楽浄土の世界を表現した庭園。平安～鎌倉時代に多い。金閣寺など。

枯山水《かれさんすい》庭園　水を使用せずに、砂や石などで山や海、川、滝を表現した庭。南禅寺など。

池泉回遊《ちせんかいゆう》式庭園　池を中心に、園路がめぐらされた庭園。室町～江戸時代に発展した。二条城など。

屋根いろいろ

切妻造り
Gabled roof

入母屋造り
Combination roof

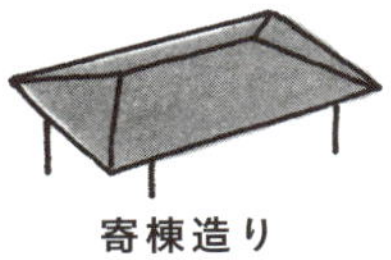

寄棟造り
Hip roof

日本史をざっくり!

日本史の大きな流れを俯瞰するためには、名づけて「ターニングポイント法」という方法が便利です。

6C

飛鳥

★1 538

仏教の伝来（552年とも）

● 文明の飛躍

仏教の伝来当時、学問（哲学や科学）と宗教の定義は今ほど明確ではありませんでした。導入時の仏教は学問的性格も多く含んでおり、日本の文明化に寄与しました。

593 聖徳太子が摂政に
律令体制（中央集権体制）の確立

7C

710 平城京遷都（律令体制の強化）

8C

奈良

784 長岡京遷都（貴族や寺社勢力を回避）

16C

安土桃山

1573 織田信長によって室町幕府倒れる

1590 豊臣秀吉の天下統一

17C

江戸

★3 1603

徳川家による江戸幕府成立

● 日本的秩序の形成

徳川家が推進する朱子学をベースにした秩序社会の形成が進んだ時代で、今なお日本社会や日本人の考え方に大きな影響を与えています。

1633頃 日本人の海外渡航と帰国、外国船の渡航の制限

18C

浮世絵、俳諧、人形浄瑠璃など商人を担い手とした文化が花開く

19C

列強の接近と開国

明治

★4 1868

明治政府の発足

● 西洋化と日本のアイデンティティの形成

明治維新によって、西洋文明の導入による近代化と、神道を基盤とする日本的伝統が形成されました。

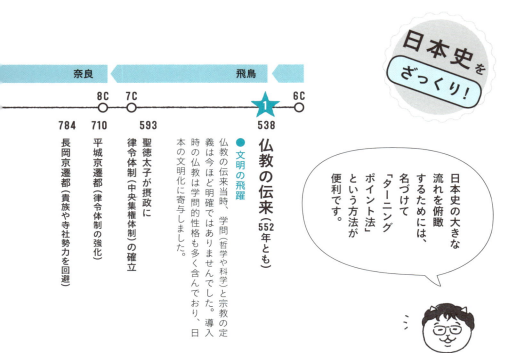

平安　鎌倉　室町

9C　10C　11C　12C　13C　14C　15C

794（2）
平安京遷都
●国風化の推進
奈良時代は中国の模倣時代でしたが、導入した文明を再検討して、日本の気候風土に適応した文明が芽生え始めました。

9C
藤原氏の台頭

10C
天皇の親政
律令体制の崩壊、武士の台頭

11C
藤原氏による摂関政治
上皇による院政の開始

12C
平氏の台頭

1192
源頼朝が征夷大将軍に（鎌倉幕府）
頼朝の死後、北条氏が台頭
元寇

1338
鎌倉幕府の滅亡、天皇の親政
足利尊氏が征夷大将軍に

1467
応仁の乱から戦国時代へ

歴史的に重要なターニングポイントを五つ選び、その前後で日本がどのように変わったかを説明する方法です。

大正　昭和

20C

1894
日清戦争開戦、勝利する

1895
京都が観光都市として歩み始める

1904
日露戦争開戦、勝利する

1914
第一次世界大戦開戦

1939
第二次世界大戦開戦

1945（5）
第二次世界大戦終結
●民主主義とアメリカ化
敗戦後、生活様式のアメリカ化、日本国憲法発布による民主主義の導入により、国家と国民の立場や国民の人権に変化が起こりました。

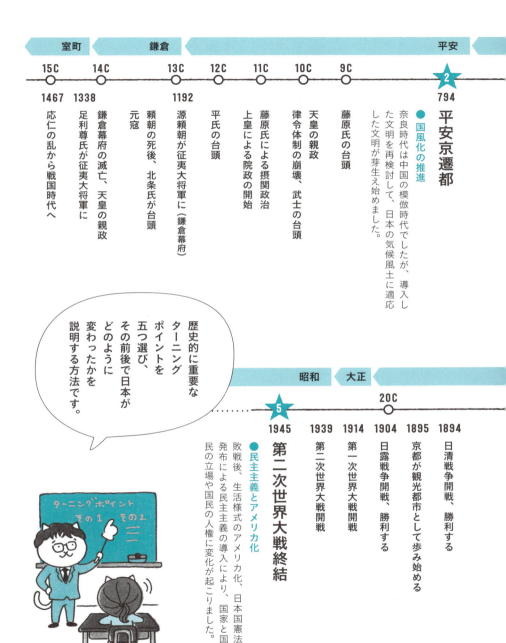

日本の宗教をざっくり!

日本の主要宗教である神道と仏教を取り上げ、各々の中での分類と歴史的変遷をまとめました。

神道

神道は先史より存在する日本古来の宗教。先祖崇拝と自然崇拝を基調とします。歴史のなかで政治利用されることもありました。古代には世界各地に同様の信仰がありました。ギリシャ神話、北欧神話、ドルイド教なども調べておきましょう。

神社をざっくり分類

①**神話系、天皇祖先系** … 神話の神を祭神とする神社。山周辺に多い。

②**怨霊鎮魂系** … 非業の死を遂げた人物の霊を慰める神社。市中に多い。

③**英雄系** … 豊臣秀吉《とよとみひでよし》や徳川家康《とくがわいえやす》など、歴史上の英雄を神として祀る神社。

宗教の歴史的変遷

6C　7C　8C　9C　10C　11C　12C　13C　14C

538 仏教伝来
日本最古の仏教文化が奈良で発展

密教が主流に
天台宗、真言宗が発展
神仏習合が盛んになる

浄土教が流行

12C後 鎌倉仏教の成立
念仏系、禅宗ほかが盛んに
庶民に仏教広まる

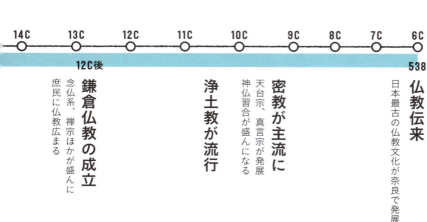

仏教

インドで誕生し、中国、朝鮮半島を経由して伝えられた外来の宗教です。元来、他宗教から改宗させるという性格を持っていないため、神道と融合して日本独特の仏教が発達しました。

宗教の持つ神秘性や倫理道徳の教えにとどまらず、医学、気象学、政治学など様々な分野の学問を有し、日本の文明化に寄与しました。

寺院をざっくり分類

①密教系 … 為政者や貴族のためにあった仏教。農耕を中心とした国家運営に寄与した。多彩な仏像、現世利益（絵馬、お守り）、五重塔があることなどが特徴。

②念仏系 … 民衆の救済のための仏教。原則的に現世利益を否定。

③禅宗 … 坐禅によって悟りを得ようとする宗派。禅僧が商業経済に長じていたため、為政者（主に武家）、有力商人が支持。支援者への歓待行為（茶の湯、生け花）が伝統文化として現代に生きている。枯山水庭園や石庭が多い。

15C　16C　17C　18C　19C　20C　21C

1549　キリスト教伝来

1868　国学者が復古神道を唱える

神仏分離令
神道を国教化する試み
廃仏毀釈がおこる

20C中　政教分離の法則
宗教の自由が完全に保障される

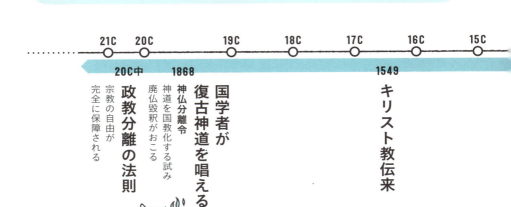

日本の仏像をざっくり!

知らずに見ると、すべて一緒に見えてしまう仏像。起源や種類についてガイディングできると、お客様により楽しんでもらえます。

如来

悟りを開いた仏格。座像が多い。布を覆っただけのシンプルな衣装。左右対称に近く、安定した造形を持っています。

菩薩

悟りを目指しつつ、他者の救済に当たる仏格。慈悲深い表情をしています。座像、立像ともありますが、比較的立像が多め。左右対称のものもあります。きらびやかな衣装と装飾品を身にまとっています。

明王

仏法に従わないものを力で導く人格。憤怒の形相をしています。一方の足に重心をかけた姿(ギリシャ彫刻用語で「コントラポスト」という)も多くあります。

天

仏教に帰依したヒンドゥー教やインド発祥の神で、仏教の護法神。邪鬼を踏みつけていることが多く、こちらもコントラポストになっています。

◎ 座像と立像

座像の方が格上で、悟りを開いた人を表現しており、一方で立像は悟りに向かう段階の菩薩に多く、救済に向かう姿勢を表現していると考えられます。
※密教の世界において仏の王である大日如来は必ず座像で表されます。念仏系の本願寺では、「阿弥陀」は如来ではあるものの、人の救済に当たる姿勢の立像に表されています。

仏像に関するQ&A

Q 仏像はいつ頃、どこで生まれたの？

A 1世紀末、ガンダーラで生まれました。

Q なぜ仏像に種類と序列があるの？

A 種類が多いのは、仏教が多神教だから。全知全能の神は存在せず、それぞれが特別な能力や役割を持っています。序列があるのは、仏教の他宗教（主にヒンドゥー教）に対する優位性を示すためです。仏教本来の神を上位につけ（如来、菩薩）、他宗教から帰依した神（明王、天）をその下位につけています。実は、序列をつけた時点で仏教の特長である「平等主義」が失われ、ヒンドゥー教に近くなってしまいました。如来、菩薩はギリシャ彫刻用語でいう、クーロス・コレー像（中心線が通っていて左右対称）にし、心の安定した様子を見せるものが多くあります。

Q なぜガンダーラで生まれたの？

A アレクサンダー大王の東征により、精巧なギリシャ彫刻の手法が当地に伝わったためです。

Q 仏像はなぜつくられた？

A 後世の人々が、釈迦を具現化した崇拝物を欲したためです。釈迦が偶像崇拝を禁じたため、当初は具体的な崇拝物はありませんでした。

日本で人気の仏

◆釈迦如来
仏教の教祖「お釈迦様」。高い認知度と尊敬を集めています。

◆阿弥陀如来
極楽浄土の主。日本の先祖供養にも通じる仏です。

◆観音菩薩
現世利益をもたらしてくれる、最もポピュラーな仏です。

◆地蔵菩薩
石仏で表現されることが多い、庶民の守り神的な仏です。

◆不動明王
修験道の守護神的存在になり、古来より貴族、庶民問わず崇敬され、現代でも「お不動さん」として親しまれています。

日本の習俗をざっくり！

「現在の日本人の生活」に興味のあるお客様は非常に多いようです。機会があれば、神社などで実際にお見せしながらガイドしてもいいでしょう。

年中行事

◆お正月

日本で最大の年中行事。元来は五穀豊穣《ごこくほうじょう》の歳神《としがみ》様の滞在期間を指しました。初詣、おせち料理、お年玉など、この期間中に様々な伝統行事が行われます。２００９年の警察庁による調査では、約９９００万人（人口の約80％）が初詣に訪れました。

◆節分

冬の最後の日。翌日の立春は、暦の上で春の始まりの日とされます。寒さのピークでもある日で、春の再生を願い、豆をまいて悪鬼払いをします。

◆バレンタインデー

外来の行事でしたが、すっかり日本に溶け込み、女性が男性にチョコレートを贈るという日本独特の習慣が根付いています。日本チョコレート・ココア協会が出した調査によると、２００５年にはバレンタインデー期間中に年間の13％のチョコが売れました。

◆ひな祭り

女の子の成長を祝う行事。けがれや災いを人形《ひとがた》に移してはらおうとする風習が起源とされています。人形飾りが宮中の装束、調度品などを現代に伝えています。

◆こどもの日

元は男児の祭り（端午の節句）でした。子供の幸福を図る国民の祝日。武者人形、鯉のぼり、柏餅などが話題にできます。

◆七夕

願掛けの行事で、中国、韓国、台湾、ベトナムなど海外でも見られますが、願いを書いた短冊を笹竹に飾る行為は日本独特です。

◆五山の送り火（8月16日）
京都の先祖供養の行事。一時帰宅した先祖の霊を、大きなかがり火をたいて送り出します。

◆地蔵盆（8月24日頃）
日本版ハロウィーン。町内会が主体になって子供を楽しませる行事です。

◆ハロウィーン
外来の習俗ながら、年々人気を増し、経済効果ではバレンタインデーを追い抜きました。

◆クリスマス
宗教性がほぼない、プレゼント交換やパーティーの機会。デコレーションケーキ（和製英語）は日本独特です。

人生の通過儀礼

◆宮参り
生まれた土地の神様に、赤ちゃんが生後一か月を無事に迎えられたことを報告する行事です。室町時代に一般化しました。

◆七五三
江戸初期に武家の間で広まった、子供の成長を願う行事。11月中旬に神社を参詣し、祈祷などを受けます。数え年3歳（満2歳になる年）に男女、数え年5歳（満4歳になる年）では男の子のお祝いをします。数え年7歳（満6歳になる年）に女の子のお祝いをします。

◆成人式
成人に達した人を祝う儀式。女性が一生のうちで着物を着る数少ない機会となっています。

◆結婚式
日本の挙式スタイルは大きく変化しており、神前式（神社や神殿で行う挙式）が主流だった1960年代と比較すると、現在は教会式が人気を博しています。

◆葬式
1980年代後半頃までは、地域社会の人間が協力して故人の自宅で営まれていましたが、現在は近親者や家族だけで営まれるプライバシー重視の家族葬が増えてきました。葬儀後の法要も簡略化の傾向にあります。

街でよく見かける説明できるようにしておきたいもの

◆鳥居

神社で神域を示す一種の門。起源は諸説ありますので、お客様の国籍に応じて説明の仕方を変えるのも一案です。形状から、インドのお客様なら「torana」(サンスクリットで塔門)、漢字文化圏のお客様なら「開」の字から説明をするのも面白いでしょう。

◆竹矢来《たけやらい》

元は家の外壁や玄関を汚れや破損から守る防護柵。現代は竹の持つ清潔な外観から家屋のデザインの一部になっています。

◆地蔵

子供と旅人(通行する人)の守護神です。市中に小堂があり、「卍」がナチスのハーケンクロイツに似ているため、よく質問されます。卍は功徳円満の意味で日本の仏教では寺院の記号になっています。

◆だるま

倒れてもすぐに起きあがるようにつくられているので「開運の縁起物」。選挙の際、出馬後に片方の目を書き、当選したらもう一方の目を書きます。群馬県高崎市が主要産地でシェア約80%、年間170万体を製造しています。

◆招き猫

客や財を招くとされる縁起物。愛知県常滑市が約80%のシェアを持ちます。三等身、丸顔のたれ目の定番デザインは同市が起源です。ちなみに「ゆるキャラ」は平均1・7等身です。

◆フクロウのモチーフ

「不苦労」という漢字を当てて縁起物とされています。

◆カエルのモチーフ

「帰る」の音通から、小さなカエルのフィギュアを財布に入れておくと使ったお金が戻ってくるという縁起物になっています。

◆だんご

原料は穀類の粉。水に溶いて蒸したり茹でたりした後、タレのつけ焼きにするか、きな粉などまぶして食べます。

◆八つ橋

米粉、砂糖、シナモンを主原料とする京都銘菓。生と焼いたものがあります。

◆提灯

本来はろうそくを入れる照明器具でしたが、今は看板の一種でもあり、神社に奉納して店名等を宣伝するオブジェになっています。

◆のれん

ブラインド、看板、カーテンを兼ねたような布です。

◆朱印帳

神社仏閣を参拝した証である「朱印」を押してもらうための帳面。一説に、鎌倉時代、寺院に写経を納めた際に受けた、いわば受付印のようなものが始まりとされています。パワーを集めに行くという意味から最近人気です。特に女性の間では、かわいい朱印帳に人気がありま す。特に人気が高いのは大原野神社の「紅葉の下で、なごむ紅白のペアの神鹿」が表紙の朱印帳です。

コラム②

訪問先をお任せされた場合は？

京都をガイドする際、「旅程はお任せ」といわれるケースも少なくありません。そんな時に戸惑ってしまわないために、お連れすれば必ず喜んでいただけると思えるコースを準備しておきましょう。

ツアーには一貫したテーマを

各スポットの説明に終始するのではなく、お客様の喜ぶテーマに合わせたスポット選びをしましょう（具体例は114頁のコラム③を参照）。

年齢による訪問場所の選択

例外はもちろんありますが、年配のお客様は雑踏を好まない傾向がある一方、若いお客様は雑踏を気にしない傾向があります。

お任せコースを作成する場合の注意点

1. お客様の希望スポットがある場合は、そのスポットを最優先に
2. 同じテーマでも趣の異なるスポットを組み合わせる
3. 説明を聞くのに少し集中力の要るスポットは、ツアーの前半に
4. ショッピングはツアーの最後に
5. 遠隔地（嵐山など）に行く場合、終了時にスムーズに中心部やホテルに戻れるように、なるべくツアーの前半に遠隔地を済ませる
6. 遠隔地を第1訪問地にする場合は、最初の移動時間を日本や京都の概説に充てる

写真好きか否か

写真好きのお客様の場合、写真不可の場所が少なく、ゆっくり撮影できるスペースのあるスポットを選びます。流行の「自撮り棒」が禁止されているスポットもありますので、ご注意を。

靴の着脱を好まないお客様への配慮

各スポットについて、靴を脱ぐ必要があるかどうかを確認しておきます。あまり靴の着脱に慣れていないようなお客様でしたら、必要の無いスポット（金閣寺、平安神宮など）を選びます。

第3章

おさえておきたい!
定番スポット

第3章では、京都をガイドするなら必ず知っておきたい
「定番人気スポット」のガイド法を紹介します。
どうしてつくられたのか、何がすごいのか、
そのスポットから日本の何が見えるのか——こうした点を
主眼にしてみると、見知った観光地も全く新しく見えてきます。

清水寺《きよみずでら》

世界遺産

point

創建当時から民衆に開放され賑わってきた仏教寺院

日本有数のテーマパークと肩を並べる訪問者数

清水寺って何？

７７８年開創、その後まもなくして蝦夷《えぞ》の反乱を鎮圧した坂上田村麻呂《さかのうえのたむらまろ》によって整備された寺です。

寺の縁起では、７７８年に延鎮《えんちん》という僧が観音《かんのん》の夢告を受け、この地に草庵を結んだとあります。しかし寺院として整備されたのは、坂上田村麻呂が清水寺で蝦夷討伐の戦勝祈願を行い、宿願がかなった後でした。

坂上田村麻呂は、最後まで律令を基本とする中央集権的政治制度（律令体制）に組み込まれるのを拒んだ北関東の先住民「蝦夷」を平定しましたが、その過程で多くの犠牲が出ました。坂上田村麻呂は蝦夷の首領・阿弖流為《アテルイ》の助命を朝廷に嘆願しましたが、貴族の抵抗に遭い、やむなく処刑しました。坂上田村麻呂による整備には、観音信仰だけでなく、蝦夷の人々への供養の意味も込められていたと考えられます。現在、清水寺の轟門《とどろきもん》の真下のあたりに阿弖流為と母禮《モレ》を追悼する石碑があります。平安遷都１２００年を期し、１９９４年に有志により建立されたものです。

清水寺の　＼ここがすごい！／

ユニークな伽藍《がらん》構成

市中の平地に立地している寺院と違い、清水寺は「山寺」です。平安京遷都当時、平安京内への寺院移転や新寺の建立は禁じられたため、仏教寺院は山中にその場所を求めることになりました。そのことで他には見られない独特の伽藍配置や建造物を持つことになりました。

古代のアミューズメントパーク

毎日、推計4万人が訪れるという清水寺。その人気は早くも10世紀頃から見られます。通常密教系の寺院は、僧侶や関係者といった、ごく限られた有力者のための施設でしたが、清水寺は観音霊場として古くから一般に開放され、観音菩薩《ぼさつ》の縁日である毎月18日には大層な賑わいを見せました。

数字のマジック１３９本の柱

「清水の舞台」で有名な本堂は、崖に臨んで１３９本の太い支柱に支えられています。実はこの「１３９」という数字に意味があります。古くより仏教では、他の数字で割れないという理由で、「素数」が重要視されてきました。１３９は33番目の素数です（数学的定義でいえば34番目なのですが、素数の2は二つに分けられる、つまり壊れるので「縁起的」には素数とみなされず、除外されます）。そして、33は観音菩薩の「三十三変化」にちなみます。三十三変化とは、観音菩薩が33通りに化身して衆生《しゅじょう》の救済に当たるという信仰です。さらに１３９という数字は、五つの連続する素数の和でもあります（１３９＝19＋23＋29＋31＋37）。素数が連なるのはパワーの象徴として「吉」とされていたのです。

こんな人におすすめ

賑やかな観光を楽しみたい人

清水寺に向かう清水坂は毎日がお祭りのようです。人とぶつからずに清水寺にたどり着くことができないほどの賑わいです。

京都市街を見渡したい人

三重塔のある高さまで行くと、京都市を見渡せる場所があります。この場所から仁王門《におうもん》をねらうショットもおすすめです。

静かな清水寺を楽しみたい人は

午前9時前はかなり静かです。清水寺に通じる二年坂《にねんざか》、産寧坂《さんねいざか》もほとんど人を見ることもなく散策できます。

ガイドポイント

寺構造の特殊性

民衆が親しみやすくなるような、開放的な建築空間が特徴です。

平安遷都（794年）当初、限られた寺院以外は洛中に建立できなかったため、清水寺は創建当初の場所を移転することなく音羽山にとどまりました。

当地は平地でなく、塀で囲ったり直線的な伽藍配置を形成することが困難だったため、境内全体が神社のように塀でおおわれていない、開放的な建築空間が生み出されました。

そういった日本古来の風景の中に、インドの「塔文化」を象徴する三重塔と、中国の「門文化」の象徴ともいえる仁王門が共存するという独特の伽藍が構成されています。そうして生まれた伽藍には、宗教の持つ冷厳さやおどろおどろしさもなく、古来より庶民を温かく受け入れてきました。

仁王門《におうもん》 ❶

憤怒の形相で仏敵を払う守護神「仁王」が安置された門です。

この仁王門は22段（約4・5m）の石段の上に立っています。清水坂をあがってくる参詣者のランドマーク的存在ともいえます。

広い空間の中にあるせいか、高さが14mもある威圧感はありません。緑の菱形格子で仁王像が覆われているため、憤怒の神像が門を守っていることも忘れてしまいそうです。

石造りの狛犬《こまいぬ》 ❷

魔除けのために門前に置かれる像です。

現在は石造りの狛犬ですが、当初1911年に寄進されたものは金銅製でした。太平洋戦争のさなかの１９４２年、金銅の狛犬は軍によって供出させられ、弾丸となりました。龍の口（水を導くために地上にかけ通す、龍の形をした樋《とい》）に加え、観音菩薩像や地蔵《じぞう》菩薩像であっても、金属は残らず没収されました。そこで、信者組織によって「何があっても取られないように」と石の狛犬が寄進されました。

大きな特徴が二つあります。一つは、狛犬は二体一対で、それぞれ口の形を「阿《あ》」（開けている形）、「吽《うん》」（閉じている形）につくるのが一般的であるにもかかわらず、清水寺の狛犬は二体とも阿形《あぎょう》につくられていることです。東大寺南大門裏側の開口両狛犬がモデルとのことですが、「阿」は最初、「吽」は終わりを意味しますので、今度こそこの一対の像に終わり（供出されること）はないぞ！という意思表示ともとれます。

二つ目は、狛犬が大きく胸を張り吠えている姿です。狛犬は、西洋王室のエンブレムであるライオンの遠縁ともいわれる「獅子《しし》」であると考えられています。この二体の狛犬の姿は、仏教でいう「獅子吼《ししく》」、つまり釈迦《しゃか》が獅子のように何にも恐れず仏法を説く姿を象徴しています。この狛犬は何にも恐れず平和の尊さを訴えているのかもしれません。

三重塔《さんじゅうのとう》 ③

仏の遺骨を安置する塔です。

清水寺の三重塔は、１６３２年、江戸幕府の三代将軍（徳川家光《とくがわいえみつ》）によって寄進されました。

実は、京都市に現存する古建築の多くは寛永年間（１６２４～４４年）に再建されたものです。仁和寺《にんなじ》の五重塔は１６３７年、東寺《とうじ》の五重塔は１６４４年に再建されました。すべて「家光公のご寄進のお陰」と、寺院からの崇敬を一身に集めています。

徳川家は大坂の陣の後、多くの大型公共工事を行いました。最大のプロジェクトは江戸新都の整備ですが、各地の仏教寺院の復興にも力を入れました。その主たる目的は、公共工事の負担で諸大名を経済的に疲弊させること、戦争で失業した者へ職を提供すること、仏教寺院を懐柔《かいじゅう》することでした。このような政策で戦闘的気分を否定することは、為政者自身の保身にもつながります。実際に、紀元前にはインドのアショカ王も8万4000基の石柱建造という公共工事に力を入れ、仏教を社会秩序形成に利用しました。

本堂（清水《きよみず》の舞台）④

清水寺の最も大切な信仰の対象である千手観音像が安置されている建物です。

大きく張り出した舞台が特徴です。観音菩薩が補陀落《ふだらく》という山に住むことにちなんで、本堂が崖に臨んで建てられたとされていますが、平安京内平地に寺院建設できない政治的状況下で、本堂の敷地面積を広げるための苦肉の造成策でもありました。この舞台は本尊に舞楽を奉納する場で、観客は本尊の千手観音。演者は舞台から見える風景を背に、内陣に向かって演じます。舞楽は中国大陸や朝鮮半島から伝わりましたが、今やその原型は日本でしか見られない貴重なものになっています。

床面積は190㎡で、能の本舞台の約5倍の広さがあります。高さは約12m、1629年に焼失しましたが、1633年に将軍の発願で再建されました。

地主《じしゅ》神社⑤

清水寺の敷地内にある、縁結びで人気の神社です。

ここで説明しておきたいのは、仏教と神道の関係。なぜ、仏教の施設である寺の中に、神社があるのでしょうか。

日本人が古来信仰していた神道は、教義を持たず、自然崇拝・先祖崇拝を中心とするいわば民俗信仰でした。一方、仏教は教義・経典を持つ宗教でしたが、キリスト教のように他の宗教を禁止する性格のものではなく、もともとあった信仰と共存するものでした。そのため、日本でも仏教と神道は一緒に信仰され、「神仏習合」と呼ばれる状態になりました。

神社が仏教寺院（主に密教系）内にある場合、寺院を鬼門《きもん》（鬼が出入りするとされる不吉な方角）の方角から守るための脇役的存在として置かれていることが多く、この地主神社も清水寺本堂の東北（鬼門）の位置にあります。

明治新政府による国家神道化にともない、神道は脇役から主役に転じます。明治維新以前の仏教と神道の力関係は、清水寺の本堂と地主神社の規模の違いを見せると説明が要らないほど明らかです。

地蔵菩薩 ❻

子供の守護神です。

清水寺では、三重塔の前に「地蔵菩薩立像」、そして奥の院を過ぎた帰路に「地蔵菩薩像」を見かけます。本尊が十一面観音菩薩であることからも、清水寺は衆生を救済しようとする気持ちにあふれています。

地蔵菩薩が数多く見受けられるのも、民衆に寄り添う清水寺の精神のように思えます。地蔵菩薩は、子供の健康な成長を見守ること、不幸にして夭折《ようせつ》した子供には、三途《さんず》の川を渡る助けをすることを役目としています。石造りの地蔵菩薩が身にまとっている赤い布は、赤ん坊のよだれかけを象徴し、願掛けやお礼に人々が奉納したものです。

千体石仏群 ❼

神仏分離と日本人の醇風美俗を語るのにふさわしい場所です。

日本は近代化を進める過程で神仏分離を実行しました。神仏分離は、対外的にはインド原産の仏教を日本の神道から切り離して日本の独自性を示すために、国内的には仏教寺院が所有していた広大な所領を取り上げて国庫収入を増やす目的で実施されました。その中で、廃仏毀釈《はいぶつきしゃく》という行き過ぎた仏教文化の破壊活動が発生しました。庶民の最もそばにあった地蔵菩薩までもが破壊の対象にされました。

現在見られる石仏の多くは、信仰心の篤い市井の人々が壊されていく石仏をしのびなく思い、清水寺に保護を求め持ち込んだものです。今も有志の方々により色とりどりのよだれかけなどが奉納されています。日本にはそういう人情の篤い、醇風美俗《じゅんぷうびぞく》ともいうべき風習が現在にも生きていることを伝えると、外国人観光客は日本人の優しさに感動されます。

ガイディングのミニアドバイス

清水寺は、土産物屋で賑わう中にあります。旅程に柔軟性が認められないツアーでは、お客様には事前に時間の制限をはっきり伝えましょう。

1 地蔵院善光寺堂《ぜんこうじどう》前から、仁王門をバックに

2 轟門から、三重塔をバックに

3 本堂の舞台から、子安の塔をバックに

あわせて行きたい

周辺スポット

清水坂《きよみずざか》、産寧坂（三年坂）、二年坂の風情を楽しみながら散策するのもいいでしょう。また、清水寺の門前からは徒歩20分程度で西へは建仁寺《けんにんじ》、北へは円山公園や八坂神社まで行けます。花見小路通り、石塀小路、高台寺、ねねの道もこのエリア内に収まります。繁華街が隣り合わせにあるので、ショッピングにも便利です。

DATA

清水寺

京都市東山区
清水1丁目294
☎075-551-1234

料金：
境内自由
本堂舞台　大人400円

所要時間の目安：
◎約40分
⇒本堂、地主神社などをさらっと
◎約1時間20分
⇒胎内めぐり、音羽の滝などもじっくり

境内図

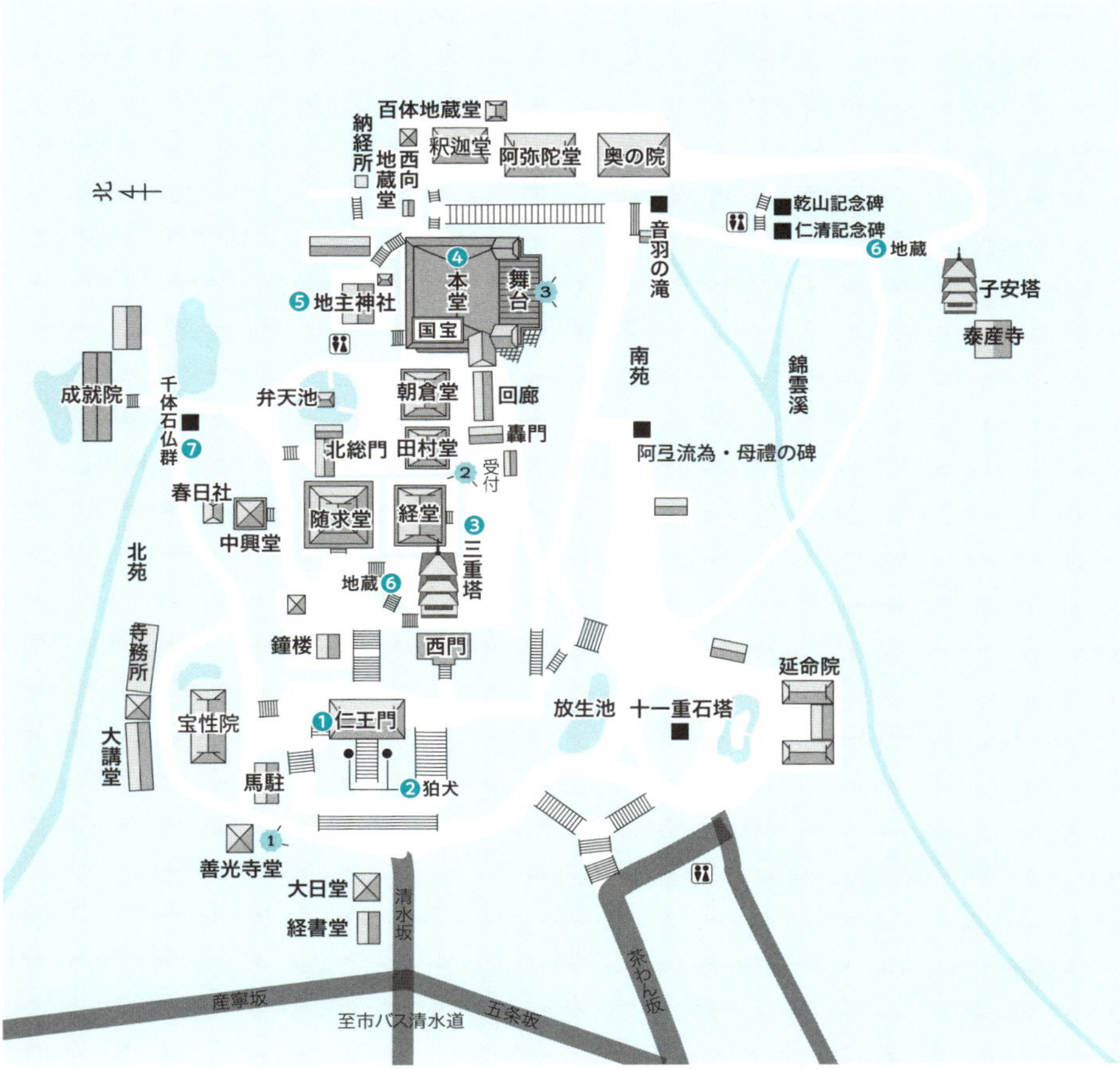

百体地蔵堂
納経所
西向地蔵堂
釈迦堂
阿弥陀堂
奥の院
北
乾山記念碑
仁清記念碑
音羽の滝
6 地蔵
子安塔
泰産寺
4 本堂
舞台
3
国宝
5 地主神社
南苑
錦雲溪
成就院
千体石仏群
7
弁天池
朝倉堂
回廊
轟門
北総門
田村堂
2 受付
阿弖流為・母禮の碑
春日社
中興堂
随求堂
経堂
3 三重塔
北苑
地蔵 6
寺務所
鐘楼
西門
延命院
宝性院
1 仁王門
放生池
十一重石塔
大講堂
馬駐
2 狛犬
1
善光寺堂
大日堂
経書堂
清水坂
茶わん坂
産寧坂
五条坂
至市バス清水道

世界遺産

二条城《にじょうじょう》

point

江戸幕府の誕生と終焉を見とどけた日本史の目撃者 ここで日本史のターニングポイントが二度もつくられた

二条城って何？

17世紀の初頭に、当時の将軍（徳川家《とくがわいえ》康《やす》）によって建てられた城郭です。

城といっても、戦闘時の要塞としての機能よりは、将軍家の権威を周知させるという機能がメインでした。

徳川家康は、旧勢力の利権から独立して政治経済のすべてを掌握するために、江戸を新たな本拠地に決めました。

徳川家康が天下人であることを世間に認識させ、恭順《きょうじゅん》の意を表明した各大名に新政権の財政負担を課す必要がありました。二条城は、幕府発足当初に徳川家のイベントホールとしての役割と資金供出の任務を果たした後、表舞台から姿を消しました。

その後、大政奉還《たいせいほうかん》という徳川幕府の終焉を見とどけた場として、日本史にその存在を刻んでいます。

二条城のここがすごい!

江戸城を体感できる

東京の皇居(旧江戸城)も二条城も、元は徳川家の居館。規模こそ5分の1程ではありますが、デザインには類似点も多くあります。皇居は天皇がお住まいということもあり、セキュリティ上建物内に入ることはできませんが、二条城は二《に》の丸御殿《まるごてん》という大政奉還の舞台となった大広間も見学することができます。

ほぼ落成当時の二の丸御殿

木造建築は30年に一度は小規模の改修が、300年に一度は全面改修が必要となりますが、二条城は竣工から江戸が首都として機能するまでの事実上約30年しか使用されなかったため、比較的損傷が少なく、当時の面影をしのぶことができます。

歴史の生き証人

徳川家康は日本史上類を見ない長期の安定政権を築きました。二条城は、そんな江戸時代の初代将軍、家康から、最後の将軍、慶喜までを見守ってきました。

旧勢力の居館が温存された

近代日本は反徳川の勢力で形成されましたが、反徳川勢力である明治新政府が仇敵の居館を破壊しなかった点が日本らしくもあります。

都会の中のオアシス

二条城では17世紀当時の日本をしのびながら、数々の時代劇の撮影場所にもなった敷地内で、しばし都会の喧騒から離れ安らぎを味わうことができます。

こんな人におすすめ

江戸時代の歴史文化に触れたい人

二の丸御殿内では部屋ごとの機能がパネルで詳しく解説されています。各部屋は華麗な障壁画で飾られ、本格的な書院造《しょいんづく》りも堪能できます。

四季折々の景観を楽しみたい人

二条城内には第二次世界大戦中に全国から「疎開」してきた数多くの品種の桜に加え、広い梅林、つつじ、藤など季節ごとの花や植物が楽しめます。真冬の二の丸庭園は時に雪化粧することもあります。

ガイドポイント

唐門《からもん》❶

重要建造物である二の丸御殿への玄関です。

二条城を訪れる観光客が、まず足を止めて写真を撮るスポットです。建造物の屋根は仏教伝来後、中国に倣い、土を焼いた瓦で葺《ふ》かれてきました。後に地震国の日本では耐震性を考慮して軽量の屋根が生み出されました。それが檜皮葺《ひわだぶき》(檜《ひのき》の樹皮を密に重ねて屋根を覆うこと)の屋根です。檜皮で葺かれ、唐破風《からはふ》(中央部が弓形にふくらみ、左右両端部が反りあがった曲線状の破風)を持つ唐門は、一つの敷地内で最も格式の高い門であることを表しています。この唐破風も、「唐」という字がつきますが、実は日本で考案されたものと考えられています。唐門を「Chinese gate」と訳しているガイドを時折見かけますが、むしろ日本の風土を考慮した「和風の門」といえるでしょう。唐門は他の場所にもありますので、一度説明しておくとお客様自身で発見され喜ばれます。

二《に》の丸《まる》御殿《ごてん》❷

徳川家の権威を示すイベントホールです。

徳川家康が将軍就任の祝賀パーティーを催した際、会場として使われました。御殿各所に、将軍の権威を視覚的に表現する意図が凝らされています。現在は個人参観者の入り口であり靴脱ぎ場になっている場所は、大名が輿《こし》で入場できるようにスペースが空けられています。

徳川家康は関ヶ原《せきがはら》の戦い（1600年、徳川家康率いる軍が反徳川勢力の軍に大勝し、徳川氏の覇権が確立した）の後、安定政権を構築すべく様々な政策を打ち出します。その一つが、大名の自治権は保証する一方、大規模公共工事の負担などで大名家を経済的に疲弊させる政策です。二条城はその主たる公共工事の一環で築城されました。完成後は上納金を集める「税務署」としての機能も果たしました。武力によらない政策は為政者の保身にもつながるのですが、徳川家は武芸よりも儀礼や秩序を重んじ、武士を官僚に育て上げ、類まれなる安定政権を築きました。以下では、二の丸御殿内の部屋をガイドしていきます。

遠侍《とおざむらい》（虎の間）❸

訪問者の控えの間でもあり、また更衣室でもありました。

訪問者は正装という名のもとに、裾を長く引く長

17C初、徳川家康が二条城を建てました
←家康
家康が天下人であり、文化的為政者であることを周知させるためです
ゲヘ〜
ドキ
二条城へ行幸だ〜
すごおすなあ
二条城は徳川家の威厳を示すイベントホールの役割を担いました
しかし、江戸の都が安定すると
江戸にもいっぱいお金落としてね♡
ははー
江戸城がその役割を担うことになります

袴を着用させられましたが、城内での争いを防ぐためとも考えられています。部屋の障壁には虎が描かれています。虎(将軍を象徴化した動物)は、当時の日本人にとって未知の動物でした。現代の参観者は廊下から立った姿勢で見ることになりますが、座った高さから見るとかなりの威圧感があります。虎が竹と描かれている理由は、「虎の唯一の敵である象は、体が大きいため竹林には入ってこられない」と考えられていたためです。つまり虎と竹の絵は虎の安全性、ひいては将軍家の安定をほのめかしているのです。

式台《しきだい》の間《ま》 ❹

訪問者が献金や上納品を将軍家の幹部に手渡すところです。

物品の場合は、目録《もくろく》が渡されました。徳川家の繁栄を象徴するように、巨大な松の障壁画で訪問者を圧倒します。意図的に長押《なげし》(柱と柱との間に水平に取り付ける装飾的な横木)からはみ出すように描かれた松は、「徳川家の影響力を阻む限界線など存在しない」ことを表現しているようです。

大広間《おおひろま》(三の間) ❺

大名のための待合室です。

描かれている孔雀はインドでは聖鳥といわれており、日本でも古来よく知られた鳥です。孔雀はその美しさに目を奪われがちですが、未知なるものへの攻撃性でも知られ、スペインのトレド地方では孔雀が「番犬」として飼われていることがあるといいます。将軍が訪問者に対して気を許していない警戒心や監視の目を表現しているとも捉えられます。

大広間(一の間・二の間) ❻

将軍が諸大名と対面した部屋です。

徳川幕府最後の第十五代将軍、慶喜が将軍職返上

を表明した大政奉還でも有名です。一の間が二の間に対して1段高く、また格式高い帳台構え(書院造りの上段の間の側面にある、引き戸または引き戸のふすま)のしつらえや、二重折り上げ格《ごう》天井(格子状の天井の平面を2段階に高くしてある)などで荘厳に装飾されています。将軍の威光を示す場であり、当時の秩序を視覚的に見せています。

黒《くろ》書院・白《しろ》書院 ❼

黒書院は将軍とごく親しい大名との対面所、白書院は将軍の居間・寝室だったところです。

外国人訪問者にはよく、家具がない理由を聞かれます。二条城が儀礼用の居館であって日常生活をする場ではなかったこと、元来日本の部屋は多目的に使われるので押し入れに収納することが多いことなどを説明します。当時の食器・火鉢などは、絵や写真を用意しておくと喜んでもらえます。

二の丸庭園 ❽

武士(役人)が設計した大名庭園です。

徳川時代以前は、庭園の設計の多くは仏僧が行ってきましたが、この庭園は小堀遠州《こぼりえんしゅう》という武家の官僚が設計をしました。

二の丸庭園の庭石は各藩大名によって寄進されたもので、運搬から設置まで大名にとっては大きな経済上の負担となりました。

最も目を引くのは、蘇鉄《そてつ》です。南方産のこの植物は、異国情緒を漂わせる外見から珍重されました。現在も夏にはその雄姿を見せ、冬には藁でくるまれながらも異彩を放っています。

天守閣跡《てんしゅかくあと》 ❾

天守閣(城の本丸に築かれる物見やぐら)があった高

台です。

二条城がいまひとつ「城」らしく感じられない理由は、天守閣が存在しないためでしょう。1750年に落雷で焼失するまで天守閣が存在し、京都という王城の地で威容を誇っていましたが、落雷後、太平の世で徳川家に歯向かう勢力もなく、再建はされませんでした。

天気に恵まれれば、眺めも良いので是非とも訪れておきたい場所です。東北に比叡山を望み、京都が三方山に囲まれていることや、日本全土の地理的条件(平地が少なく、地震、噴火、台風などの自然災害が頻繁に起こる)などを説明して、日本が他国から侵略されにくかったことなど話題は広げられます。天守閣跡の高台まで聳える、手入れの行き届いた松のことに触れるのもいいでしょう。

1 唐門前で

2 二の丸御殿玄関をバックに

3 天守閣跡の東北の隅で、比叡山をバックに

あわせて行きたい

周辺スポット

徒歩で10分程度のところに、神泉苑《しんせんえん》という空海《くうかい》(774～835年。真言宗の開祖となった僧)ゆかりの仏教寺院があります。空海が祈雨を行ったことでも知られる寺院です。池に架かる太鼓《たいこ》橋《ばし》からの眺めや龍頭船に癒されます。

DATA

二条城

京都市中京区二条通
堀川西入二条城町541
☎ 075-841-0096

料金：
大人600円　※平成31年4月1日より、入城料大人 600円、二の丸御殿観覧料大人400円

所要時間の目安：
◎約40分
⇒二の丸御殿をさらっと
◎約1時間半
⇒天守閣跡、二の丸庭園もじっくり

城内図

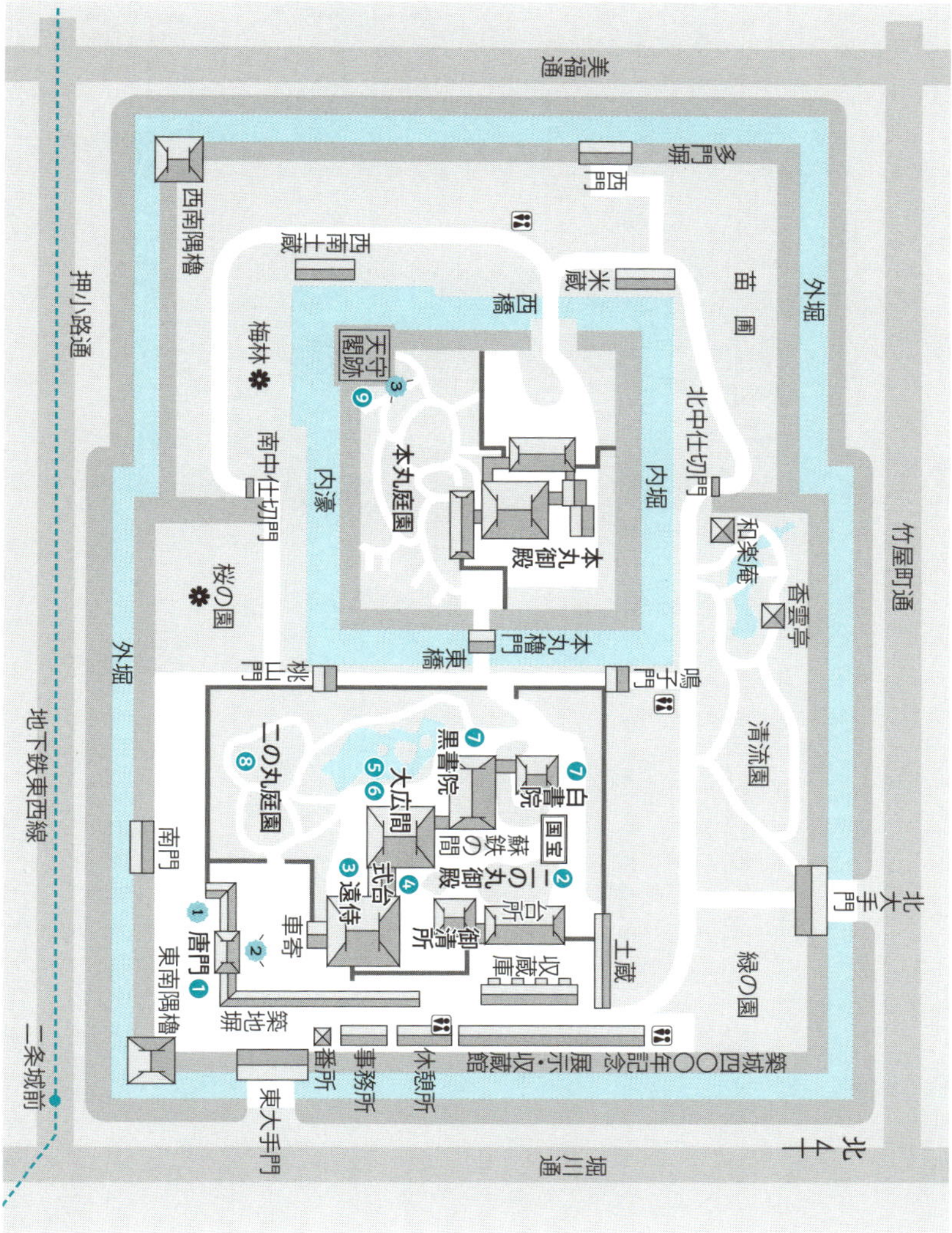
美福通
押小路通
竹屋町通
堀川通
地下鉄東西線
二条城前
外堀
内堀
内濠
多門塀
西門
西南隅櫓
西南土蔵
米蔵
西橋
苗圃
天守閣跡
梅林
北中仕切門
南中仕切門
本丸庭園
本丸御殿
和楽庵
香雲亭
桜の園
本丸櫓門
東橋
桃山門
鳴子門
清流園
黒書院
白書院
大広間
蘇鉄の間
国宝
二の丸御殿
二の丸庭園
南門
北大手門
台所
御清所
遠侍
武者
車寄
唐門
土蔵
収蔵庫
緑の園
東南隅櫓
築地塀
番所
事務所
休憩所
築城四〇〇年記念展示・収蔵館
東大手門
北

きんかくじ

金閣寺

世界遺産

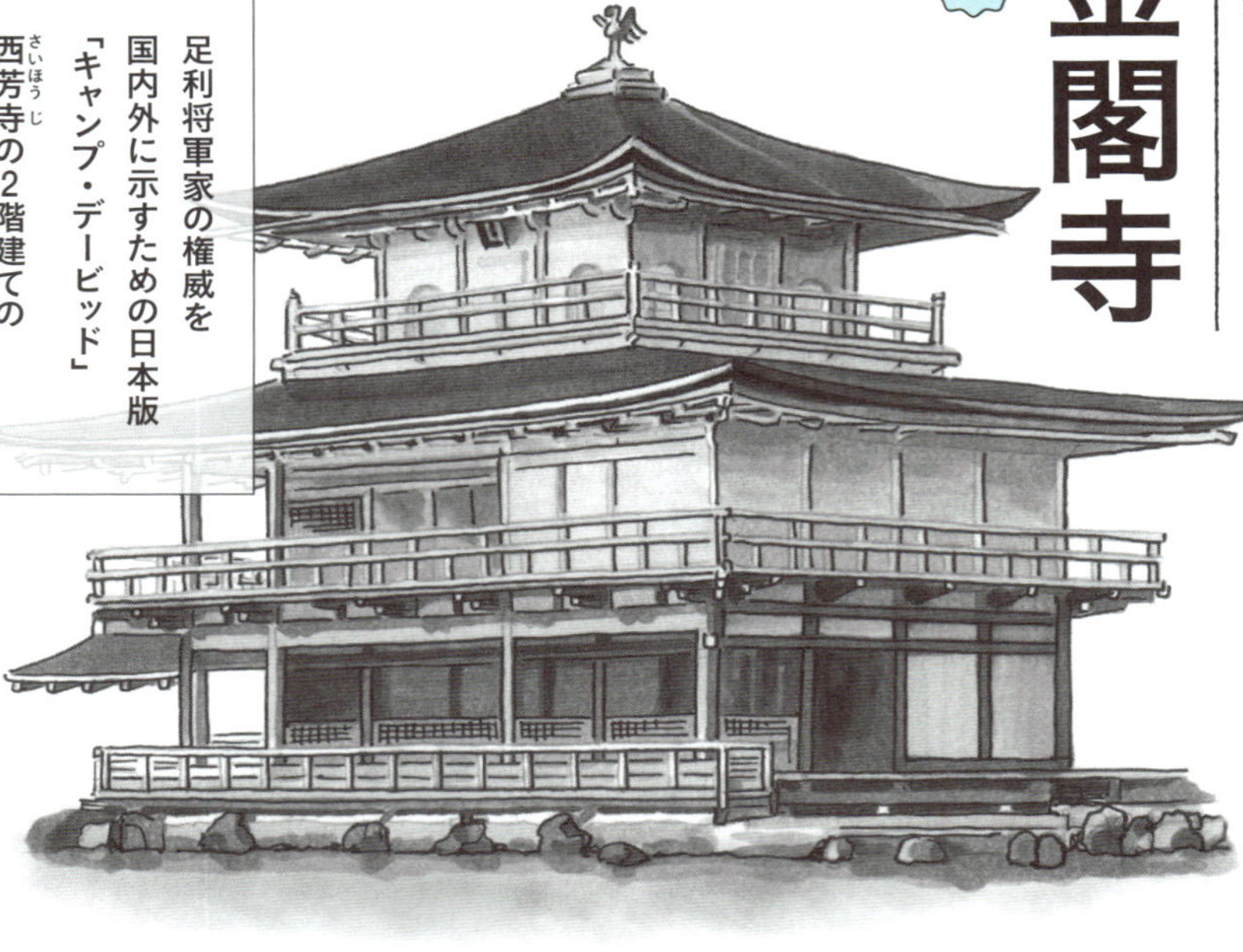

point

足利将軍家の権威を国内外に示すための日本版「キャンプ・デービッド」

西芳寺《さいほうじ》の2階建ての殿閣がモデル

金閣寺って何？

14世紀の終わり頃に、将軍（足利義満《あしかがよしみつ》）によって建てられた邸宅（「北山殿」）の建物群の一つです。

前政権の鎌倉幕府が倒れた後も、朝廷は南北朝に分裂するなど、政局は混沌としていました。

室町幕府第三代将軍足利義満は、軍事力を背景に政敵を退け、寺社勢力や公家を懐柔し、１３９２年、南北朝統一を果たしました。

その5年後の１３９７年、国内的には「名実共に日本の最高実力者であること」、対外的（主に中国）には「正当な貿易パートナーの資格を有する日本国王であること」を認めさせるために、豪華絢爛な邸宅を造営しました。

十数棟の建造物が邸内を綺羅星の如く埋める中、ひときわ輝いていたのが、三層からなる金箔に包まれた舎利《しゃり》殿《でん》（釈迦の遺骨を安置した建物）、現在金閣と呼ばれている建物です。

義満の遺言により相国寺《しょうこくじ》に寄進され、現在は当寺の塔《たっ》頭《ちゅう》寺院の一つとなっています。正式名称は鹿苑寺《ろくおんじ》。

金閣寺の ＼ここがすごい！／

舎利殿は日本のバロック建築

寝殿造《しんでんづく》り、書院造り、禅宗様《ぜんしゅうよう》を渾然とまとめあげた、当時としては斬新な建造物です。

豪華絢爛さでは日本有数

舎利殿に使われた金《きん》の量は20kgで、10・8㎠の金箔20万枚、表面積にして畳1408畳分もあります。

13世紀初頭の庭園が存在

現在、舎利殿の南に広がる鏡湖《きょうこ》池《ち》、1段高い場所で水をたたえる安《あん》民沢《みんたく》という池、そこから流れ落ちる龍門滝などは、義満以前にこの地に別荘を所有していた公家、西園寺公《さいおんじきん》経《つね》の造営によるものです（その後、義満が荒廃していたこの地を譲り受けた）。

日本版キャンプ・デービッド

キャンプ・デービッドとは、アメリカ大統領の保養所でもあり、迎賓館でもあります。

金閣建立当初の最大の任務は、その絢爛さによって、義満が日本国王たる人物であることを中国（明）の使節団に知らしめることでした。そして義満は見事貿易権を手に入れます。しかし孫の第八代将軍・足利義《よし》政《まさ》は大名に貿易権を与えたため、諸大名が経済力をつけて将軍家とのパワーバランスを崩し、群雄割拠《ぐんゆうかっきょ》の戦国時代に突入。義政は応仁の乱（足利義政の跡継ぎ問題を契機に、守護大名の勢力争いがからんで起こった大規模な戦乱）後、隠遁所《いんとん》ともいうべき東山山荘（銀閣《ぎんかく》）を造営します。

金閣寺と銀閣寺という対照的な「キャンプ・デービッド」から、室町幕府の栄枯盛衰《えいこせいすい》がよくわかります。

こんな人におすすめ

京都の有名な寺をおさえておきたい人

金色に輝く金閣は、世界的にもよく知られています。バックの山の緑と池の水が豪華絢爛な建物を優しく包み、品格を持たせています。

写真を撮りたい、SNSに投稿したい人

金色に輝く金閣はSNS映え必至です。

日本庭園を通して、日本文化を知りたい人

松、池、錦鯉《にしきごい》、池の島、滝、茶室など、日本文化を象徴するものがほぼそろっています。

ガイドポイント

舎利殿《しゃりでん》（金閣）❶

義満の思想と権力を象徴する建物です。

寝殿造り（貴族の住宅形式）、書院造り（武家の住宅形式）、禅宗様（寺院建築様式）という三種類の異なる建築様式を混合し、しかも当時珍しかった三層に積み上げた「金箔の舎利殿」は、その斬新さと豪華さから日本のバロック建築と評されています。

造営当時の舎利殿はその内外を金箔で覆うとともに、北側に天鏡閣《てんきょうかく》という重層の会所を設け、空中廊下で結んでいました。

この奇抜な建造物は、義満の自己顕示欲を具現化しているとともに、彼の思想を反映しているといわれます。

まず、最下層の一層目に公家風の寝殿造りを配し、その上に武家風の書院造りを覆いかぶせ、武家の棟梁たる自分の存在が公家よりも優位にあることを示しています。さらに、最上層を禅宗様にしたところに、義満のメッセージが読み取れます。

一つのメッセージは、足利尊氏以来、足利家のチーフアドバイザーを務めた禅僧、夢窓疎石《むそうそせき》への敬慕の念と、政治へ介入する延暦寺への牽制です。自身が支持するのは禅宗であって、旧仏教ではないという意思表明です。

もう一つは、明《みん》の朱元璋《しゅげんしょう》（洪武帝《こうぶてい》）への崇敬の念です。禅宗様は中国から伝来した様式でもあるからです。明の使節を歓待するのに使われた二層目の武家風書院は、虎や豹の皮を敷き詰めた床に中国製の椅子が並べられ、棚は漆器や螺鈿《らでん》の唐物で埋め尽くされ、壁は唐物の仏画や山水画で飾られました。義満を事実上の日本国王と認めるため、国書を携えて北山殿《きたやまでん》を訪れた明の使節も、義満の入念な配慮には感動したことでしょう。

◆金《きん》の持つ意味

金は富の象徴とのみ考えられがちですが、金の持つ金属としての性質にメッセージが込められています。金は化学反応を受けにくく、腐食しません。この金の特性には、永遠に続く繁栄への願望が込められています。

◆鳳凰《ほうおう》と黒留袖《くろとめそで》

「金閣の最上層にとまっている鳥は何？」とよく聞かれます。これは古来中国で尊ばれた想像上の瑞《ずい》鳥《ちょう》、鳳凰です。鳳凰は、天命を受けて天下を治める優れた為政者が出る兆しとして現れると伝えられます。この瑞鳥は黒留袖（既婚女性の第一礼装に当たる着物）の裾模様のモチーフに使われることが多いので、着物や婚礼、礼服にも話題を広げることができます。

鏡湖池《きょうこち》 ❷

金閣を映し出す鏡のような池です。

貴族が寝殿造りの屋敷を持つようになり、浄土思

14C後、足利義満が西園寺家より譲り受けた地に豪華な山荘を建設
貿易を独占したい義満は金閣に明の使節を招き
国王です
貿易権
自分こそが日本国王だとアピールしました
ドタ
貿
易
ニャー
権
バタ
ポイー
しかし義政は、貿易権を大名に切り売りして将軍の権威を失います
金閣と銀閣から室町幕府の栄枯盛衰がわかります
しっぽり

想(浄土に往生することを願う仏教の教え)も手伝って、「島をつくるために池をつくる」といわれるほど、池とその島は庭園の要素として重要になりました。

島は浄土や神仙思想の蓬莱島《ほうらいじま》(不老不死の薬を持つ仙人が住むといわれた山)を象徴化したもので、永遠への願いも込められています。舎利殿も建立当初は陸続きではなく「島」のような存在で、彼岸《ひがん》に立つ理想の世界を表現したものでした。鏡湖池はこの世とあの世を分ける広大な海を象徴しています。

鏡湖池最大の葦原島《あしはらじま》は「豊葦原瑞穂国《とよあしはらみずほのくに》」(古代神話の中の国土の美称)、つまり日本国を象徴しています。義満は舎利殿最上層から葦原島を見下ろし、日本を征服した思いに浸ったに違いありません。

鏡湖池は6600㎡、サッカー・ピッチの約90%の広さがあり、舟遊びができました。船上ではプライバシーが保たれ、密談部屋の機能もありました。

鏡湖池は、その名の通り金閣を鏡のようにその水面に映しました。鏡の池に映った金閣を、まるで月見のように間接的に愛でる貴族趣味を満足させるものでした。

陸舟《りくしゅう》の松 ③

「義満の盆栽から移植した」と伝えられている松です。

舎利殿の東側に、組んだ竹で支えられ、船を形取った松が植えられています。その造形から「陸舟の松」と名付けられ、樹齢は推定600年以上。西方浄土に向かうがごとく、舳先を西に向けています。

此岸と水で隔たれている彼岸へ渡るには船が必要です。陸舟の松は、義満をこの世の難事から解

き放ち、浄土へと運んでくれるノアの箱舟なのかもしれません。

夕佳亭《せっかてい》❹

江戸時代の茶室で、個室の文化サロンでした。

17世紀初頭に当時の住職(鳳林承章《ほうりんじょうしょう》)が、邸内で最も高台にある場所に茶室を設け、後水尾《ごみずのお》上皇を接待しました。

当時は木が茂っておらず、茶室から金閣の絶景が楽しめました。夕佳亭の南側は清《きよ》水《みず》の舞台のように金閣の方に張り出してつくられています。

茶室の床の間には、漢詩や禅語を書いた掛け物が飾られました。ゴシック様式の教会におけるステンドグラスの絵模様も視覚教材の役割を持っていましたが、掛け軸の墨蹟《ぼくせき》(禅僧による筆跡)は茶会をもっとアカデミックなものにしました。

特に日本の秩序の黎明《れいめい》期である元禄時代(1688～1704年、江戸中期)以降は、茶室の掛け物によって参加者の教養が試されました。「視覚的教育の道具」であったという意味で、掛け軸は「黒板(ブラックボード)」のような役割を果たしていたというとよく理解してもらえます。

大文字《だいもんじ》

京都の主要な精霊送《しょうりょうおく》りの行事です。

金閣寺の西の入り口前の土産物屋のあたりから北側を見ると、左大文字が間近に見えます。ここで年中行事である「五山の送り火」の話題に触れます。メキシコのお盆行事「死者の日(Day of the Dead)」を例に出すか、もしくは「死者の日」をベースに制作されたディズニー映画「リメンバー・ミー(原題Coco)」(2017年・ピクサー・アニメーション・スタジオ製作)を引き合いに出せばよく理解してもらえることがあります。お盆のような行事が、実は日本独特のものではないこと、ケルトが起源のハロウィーンも元来お盆のような性格があったこと、京都には地蔵盆《じぞうぼん》というハロウィーンに似た子供の年中行事があることなども話題として広げられます。

ガイディングの ミニアドバイス

金閣寺は京都のみならず日本有数の有名スポットであるため、一年を通じて大混雑です。時間が自由に選べる旅程ならば、閉門時間に近い16時30分頃からの入場がおすすめです。比較的閑静な金閣寺を味わうことができます。

写真を撮る際は、いったん人の流れにそって奥まで進み、他の人が済むのを待って、良いショットを撮りましょう。出口近くの緋毛氈《ひもうせん》（赤色のフェルト布）を敷いた床几《しょうぎ》（椅子）のある茶店も、「日本のオープンカフェ」として紹介できます。特徴は、椅子とテーブルが兼用であることです。また日本家屋には、「縁側」という、「ウチ」と「ソト」のあいまいな空間があり、時にオープンカフェとして使われることもあると説明します。

1 鏡湖池の南・東側から、葦原島を入れつつ、金閣をバックに

2 陸舟の松の真ん前から、松と方丈をバックに

あわせて行きたい 周辺スポット

周辺には西に龍安寺《りょうあんじ》、仁和寺《にんなじ》、大覚寺《だいかくじ》が連なっており、有名寺院へのアクセスも便利です。東には、大徳寺《だいとくじ》、少し南に北野天満宮《きたのてんまんぐう》や上七軒《かみしちけん》。桜で有名な平野《ひらの》神社にも徒歩で行けます。

DATA

金閣寺

京都市北区金閣寺町1
☎075-461-0013

料金：
大人400円（特別拝観時は要確認）

所要時間の目安：
◎約40分
⇒ささっと一周
◎約1時間半
⇒おみくじをひいたり、抹茶を飲んだり、鐘をついたり、写経をしたり

境内図

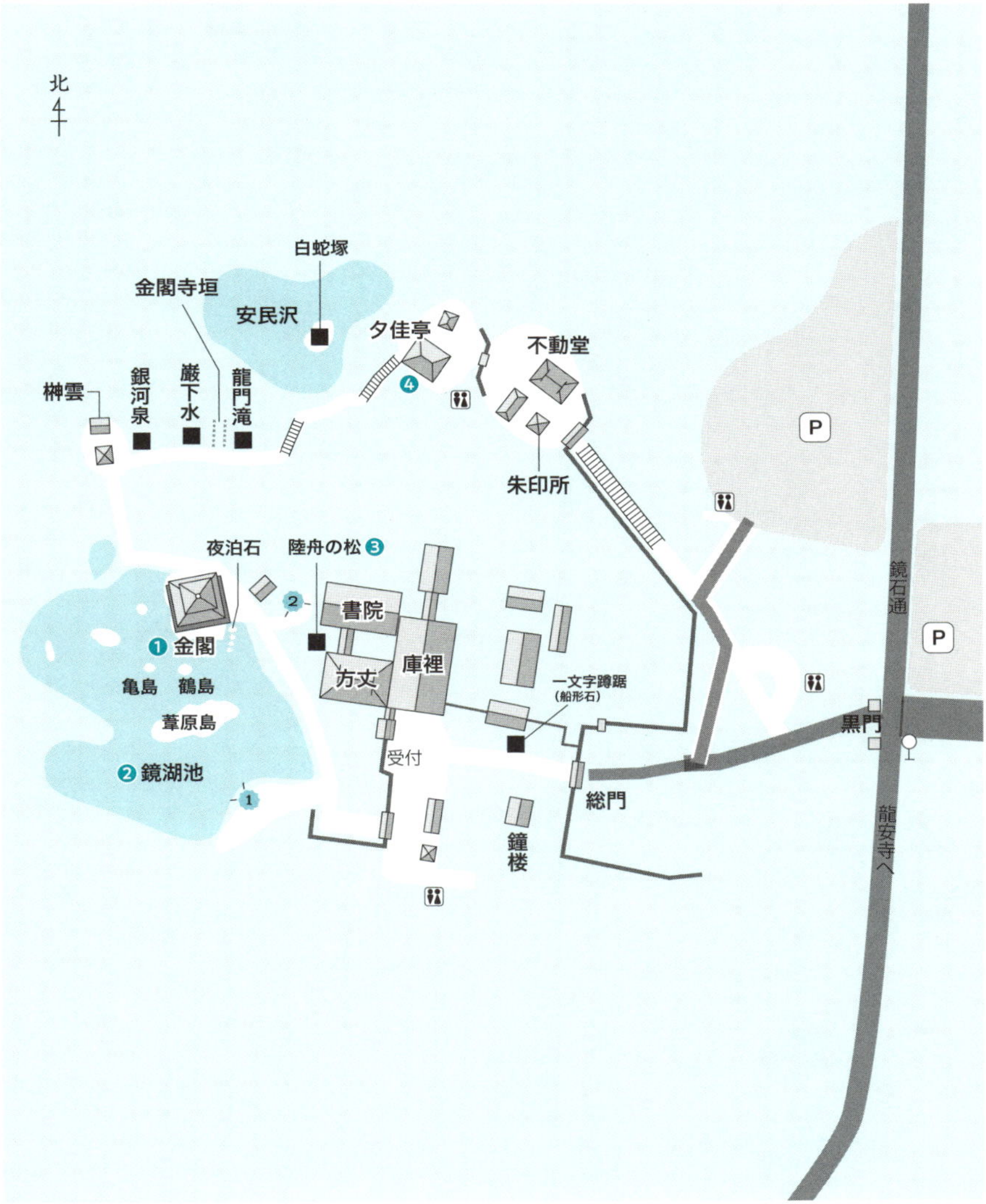
北
白蛇塚
金閣寺垣
安民沢
夕佳亭
❹
不動堂
榊雲
銀河泉
巌下水
龍門滝
P
朱印所
夜泊石
陸舟の松 ❸
2
書院
❶ 金閣
方丈
庫裡
亀島
鶴島
葦原島
一文字蹲踞
（船形石）
鏡石通
P
黒門
受付
❷ 鏡湖池
1
総門
鐘楼
龍安寺へ

伏見稲荷大社《ふしみいなりたいしゃ》

point

京都盆地最古の農耕集落に
創建された神社

膨大な数の鳥居で
海外からの訪問者に大人気

伏見稲荷大社
って何？

8世紀初頭に、当時の先進渡来系氏族の秦《はた》氏が建立した神社です。

伏見稲荷大社は、木材や土などの天然資源の豊富な土地に、秦氏の富の象徴として君臨してきました。幕末から明治維新にかけては、現在の当社のランドマークである鳥居の寄進が盛んになりました。神道を国教に据える国策とも合致し、寄進者は名前が鳥居に刻まれることで、国家からは名誉を、参拝者からは知名度を得ることになりました。現在、商売繁盛はもとより、製鉄業者からは「風の神」、酒造業者からは「酒の神」として崇められるなど、様々なご利益で人々を魅了しています。

伏見稲荷大社の ここがすごい！

膨大な数の鳥居

千本鳥居《せんぼんとりい》で有名な伏見稲荷大社。千本鳥居の実数は約800基ですが、稲荷山全山では人間がくぐれるものだけで3000基以上あるともいわれています。

初詣の参拝者数が西日本一

毎年250万人を超える人々が初詣で伏見稲荷大社を訪れます。これは西日本最多の参拝客で、全国でも5位前後と、日本有数の人気を集めています。

古典文学に登場

古典文学の『大鏡《おおかがみ》』『枕草子《まくらのそうし》』『今昔《こんじゃく》物語集《ものがたりしゅう》』には、伏見稲荷大社に参詣する記述が登場しており、9～12世紀にはすでに伏見稲荷大社が信仰を集めていたことがうかがえます。

天然資源の宝庫だった土地

空海が東寺《とうじ》を拡充する際には、稲荷山の木材が使われました。また稲荷山周辺は鉄分を含む赤埴土《あかきはにつち》を産出し、良質の焼刃土《やきばつち》（焼入れをする前の日本刀に塗られる粘土）の原料になっています。江戸時代には深草《ふかくさ》の良質の土は「伏見人形」にも使われるようになりました。

アメリカ映画にも登場

2005年のアメリカ映画「Sayuri（原題Memoirs of a Geisha）」で千本鳥居がワンシーンに登場します。その影響もあってか、伏見稲荷大社は世界的にも有名になり、アンケートによる日本国内の人気観光地ランキングで、2014年から2017年にかけて、4年連続で1位に輝きました。

こんな人におすすめ

写真を撮りたい、SNSに投稿したい人

都会の中で自然と触れ合いたい人

千本鳥居を過ぎて奥社奉拝所から奥に進めば、川のせせらぎと山道の世界が広がり、自然を味わうことができます。

神道に興味のある人

参道や境内には、神棚、三《さん》方《ぼう》（神饌を載せるための台）、御幣《ごへい》（紙を細長く切り、串にはさんだものでお祓いの時などに用いる）など神具を扱う店が数店舗あり、神道の必需品を見ることができます。

ガイドポイント

狐像❶

稲荷大神様のお使いの狐です。

「稲荷神社」と呼ばれる神社では、狛犬の代わりに狐が神社を守るために据えられており、この狐は霊的な意味を持つとされています。

特に白色の狐は「白狐《びゃっこ》」といって、目に見えない霊獣を表現しています。楼門《ろうもん》の両脇には宝珠《ほうじゅ》と鍵をくわえた一対の青銅製の狐像が立っています。口にくわえているものには、稲穂・巻物・玉・鍵の4種類があります。稲穂は五穀豊穣《ごこくほうじょう》を、巻物は知恵を、玉は霊徳・宝珠・米蔵《こめぐら》を、鍵は霊徳を身につけようとする願望・米蔵の鍵を象徴しています。

楼門❷

1589年、豊臣秀吉が生母の大病平癒のために寄進した、一万石もの立願米を基に建立された大門です。

上層は高欄《こうらん》がめぐらされ、下層には左大臣・右大臣の随身《ずいじん》(お供)が、仁王の如く目を光らせています(神社には随身、寺には仁王が置かれる)。

一の鳥居、二の鳥居、楼門と朱塗りの建造物を目にして必ず尋ねられるのが「朱色」の意味です。朱色の原点は、防腐剤として使った水銀です。今では象徴的な意味で太陽や火の色に近いことから「生命力」「厄除けのパワー」を表しています。古代人にとって、人間を襲ったり農作物を食べたりする野生動物の存在は脅威であり、火を恐れる動物に対する厄除けの色が朱色(火の色)となったのです。

東丸神社《あずままろ》❸

学問の神を祀る神社です。

国学（日本古典研究）四大人の一人、荷田春満《かだのあずままろ》を祀っています。学問の神として崇敬を集めています。

本殿 ❹

祭神を安置する建物です。

一般に他の神社では祈祷を受けている姿を見ることは少ないですが、伏見稲荷大社の本殿ではかなりの頻度で、しかも近距離から見ることができます。神官と仏教僧との立場・役割の違いや、祈祷を受ける人の目的について語れる場所です。神官は説法をせず、神と人間の仲立ちのために存在しています。

千本鳥居《せんぼんとりい》 ❺

奉納者の名前が刻まれた鳥居群です。

鳥居とは、神社の神域を象徴する門です。伏見稲荷大社はおびただしい数の鳥居で有名ですが、これらが創建当時

の７１１年からあったわけではありません。前述の通り、幕末に神道が国家神道として成長するのに呼応するかのように増加しました。当時、神社に鳥居を奉納することで国家からは名誉を、国民からは知名度を得ることができたのです。

重軽石《おもかるいし》 ❻

石占いの一種で、現在は参拝者へのアトラクションです。

ボーリング球を一回り小さくしたような石が置かれており、持ち上げる前に重さを想像して願い事をし、思ったより軽ければ願いが成就するというものです。清水寺の巨大な錫杖《しゃくじょう》のように、参拝者の運試しとして人気があります。

四ツ辻 7

参道屈指の絶景スポットです。

私はよくこの場所で、「神社や仏教寺院が戦争で焼打ちに遭う理由」を説明します。

寺社が戦争で焼打ちに遭うのは、戦略的価値があるからです。京都の神社仏閣の歴史では、必ずといっていいほど「応仁の乱で焼け落ちた」という記述が出てきます。古くから存在する神社や仏教寺院ほど、山頂や山の中腹にあります。

これは山を「神聖な場所」と考えたこともありますが、他者を寄せつけず、山が有する資源の利権を確保しようとする意図もありました。さらに見晴らしの良い場所に立地して敵の攻撃に備えるためでもありました。織田信長が延暦寺を焼打ちにした理由の一つに、東国から京に上る軍勢を見晴らすことができる場所が必要だったからという説もあります。見晴らしの良い四ツ辻でこの話をすると、より説得力があります。

1. JR伏見稲荷駅を出たあたりから、一の鳥居をバックに
2. 楼門をバックに
3. 四ツ辻から、絶景をバックに

あわせて行きたい

周辺スポット

伏見稲荷大社から徒歩で京阪電鉄とJRの駅まで行けるので、中心部に行くにも便利です。伏見稲荷大社のすぐ北には東福寺《とうふくじ》と泉涌寺《せんにゅうじ》、さらに北に行けば三十三間堂《さんじゅうさんげんどう》も近距離にあります。北東には今熊野《いまくまの》観音寺があります。

DATA

伏見稲荷大社

京都市伏見区深草
薮之内町68
☎ 075-641-7331

料金：
境内自由

所要時間の目安：
◎約40分
⇨千本鳥居を抜けて奥社奉拝所まで
◎約3時間
⇨脚力に自信のある人は、山頂までお山めぐりに挑戦

境内図

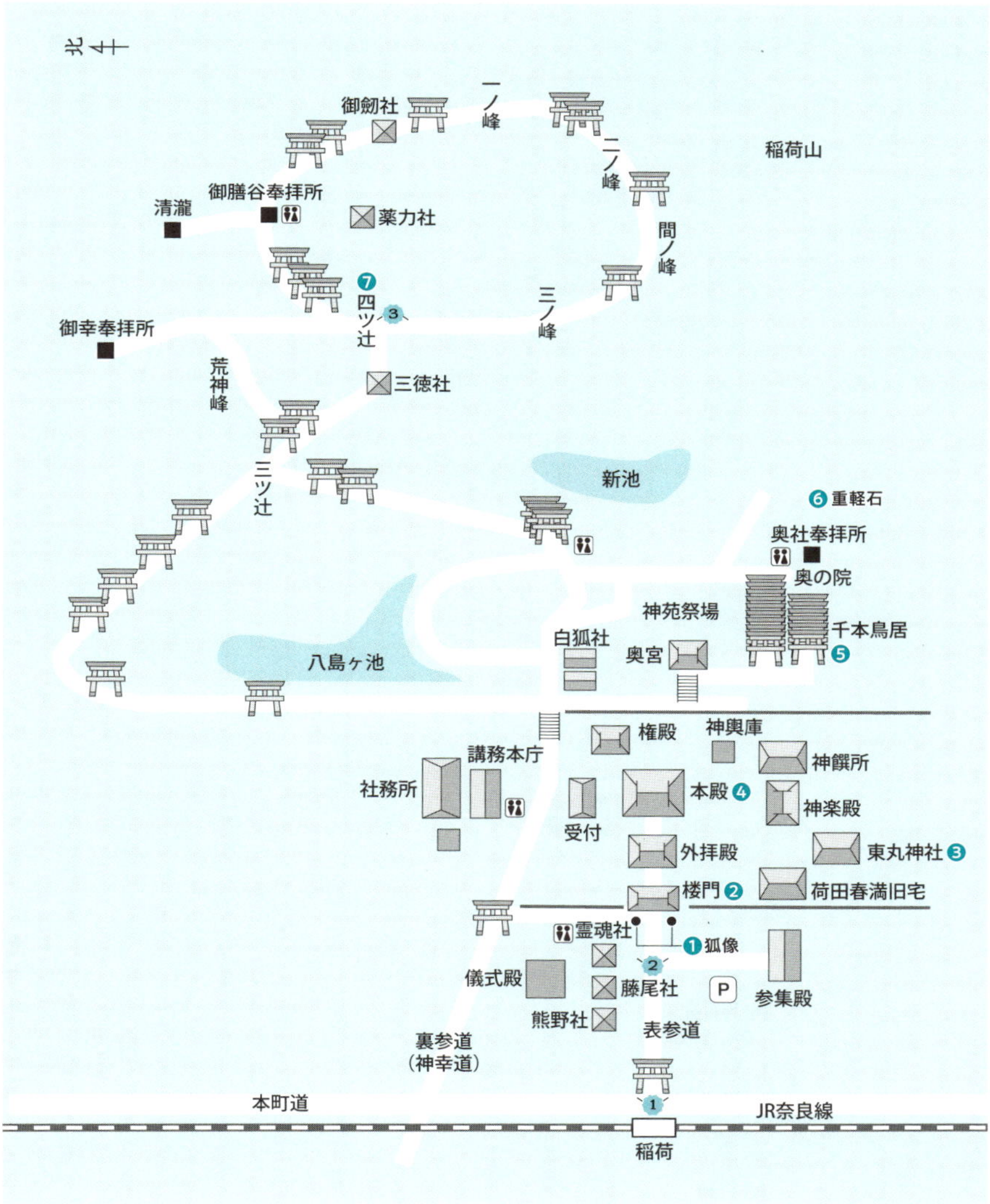
北
一ノ峰
御劔社
二ノ峰
稲荷山
御膳谷奉拝所
清瀧
薬力社
間ノ峰
7
四ツ辻
3
三ノ峰
御幸奉拝所
荒神峰
三徳社
三ツ辻
新池
6 重軽石
奥社奉拝所
奥の院
神苑祭場
千本鳥居
白狐社
奥宮
5
八島ヶ池
権殿
神輿庫
講務本庁
神饌所
社務所
本殿 4
神楽殿
受付
外拝殿
東丸神社 3
楼門 2
荷田春満旧宅
霊魂社
1 狐像
2
儀式殿
藤尾社
P
参集殿
熊野社
表参道
裏参道
（神幸道）
1
本町道
JR奈良線
稲荷

嵐山《あらしやま》

point

平安時代から貴族の別荘地として栄える
現在、国の史跡・名勝に指定されている
日本屈指の観光地

嵐山って何？

水・木・鉱物資源が豊富なため古くより農耕が発達し、また風光明媚な嵐渓で王朝貴族を魅了してきた土地です。

嵐山一帯は、先進文明を持っていた秦氏が豊かな水資源を利用し、農耕地として開発した土地です。有力者の和気《わけ》氏も、京都西山から丹波の水銀で財を成しました。11～12世紀の大量仏像製造期には、西山で産出される合砥《あわせど》が彫刻刀を鋭利にするのに重宝されました。

現在世界中の人々を魅了している風景は、当地に仏教寺院を建立した行基《ぎょうき》(668～749年。民間布教と土木工事で人々の信仰を集めた)や空海によって架けられた橋などの人工物が自然の美にアクセントを付け、洗練されて完成したものです。

嵐山の ここがすごい！

保津川《ほづがわ》下り

保津川はかつて、材木を中心に様々な物資の輸送路として重要な役割を果たしてきましたが、明治以降は鉄道とトラックにその役割を譲り、1895年頃、遊船として観光客を乗せた川下りが始まりました。JR亀岡駅前から、高低差50m、距離16kmを平均90分かけて下ります。

嵐電《らんでん》

レトロ感があるキュートな路面電車が、四条大宮と嵐山、北野白梅町《きたのはくばいちょう》と嵐山を結んでいます。京福電気鉄道嵐山本線（四条大宮～嵐山）は1910年に前身の嵐山電車軌道により開業、7・2km間に13の駅があり、駅間の距離が平均で600m。春には、北野線の「鳴滝《なるたき》」駅から「宇多野《うたの》」駅間に約200m続く桜並木の間を走る桜のトンネルが人気です。

王朝の祭礼が見られる

5月に、車折《くるまざき》神社の例祭の延長神事として、渡月橋《とげつきょう》付近の大堰川《おおいがわ》を中心に三船《みふね》祭が行われ、川面で王朝貴族の舟遊びを再現します。

また10月には、野宮《ののみや》神社主催の斎宮行列が行われます。斎王《さいおう》が伊勢神宮に仕えに行く前に野宮神社で身を清めた故事にちなみ、伊勢に向かう斎宮群行を再現、約100名の行列が嵐山をきらびやかに彩ります。

古寺の宝庫

嵐山には禅宗五山に入る寺や、勅願寺、隠遁のための寺など、様々な機能や目的、来歴を持った寺院が佇んでいます（五山について詳しくは84頁上段参照）。それぞれが趣の異なる庭園や参道を持ち、飽きることなく楽しむことができます。

こんな人におすすめ

自然の風景と寺院拝観を一度に楽しみたい人

嵐山にある寺では、人工的にしつらえた庭園さえも自然の風景を借景としています。歴史と自然を同時に満喫するのに最適な場所です。

観光地に来たという高揚感を味わいたい人

渡月橋付近や天龍寺前の道路の観光客の波と土産物店の賑わいによって、日常から切り離された旅情を味わうことができます。自然に包まれているため、都会の人ごみにはない雰囲気があります。

ガイドポイント

渡月橋《とげつきょう》❶

嵐山のランドマークの橋です。

「渡月橋」と命名したのは亀山《かめやま》天皇（在位1259～74年）です。元寇《げんこう》の脅威と幕府の皇位継承問題介入で悩みの多い一生を送りました。風雅を愛した人で、当時現在の位置よりやや北に架かっていた橋の上空を月が移動するのを眺めて、「くまなき月の渡るに似る」と描写しました。

現在の渡月橋は1934年に架設されたもので、長さ155m幅11m、川面の線を一辺とし、山の稜線を向かい合う一辺とする長方形を作図すると、渡月橋がその長方形の画面を黄金分割（大小が1・618：1になる比率）する直線になり、景観を引き締めているといわれています。

渡月橋から見る山々の景色が、鴨川に架かる橋から北山を見る景色より美しいのは、嵐山では橋と山の距離が近く、視界に入る人工の造形物が少ないためです。

天龍寺❷

京都西部屈指の名刹です。

元寇という国際問題で鎌倉幕府は衰退しました。それに代わる新政権の誕生に大きくかかわったのが、天龍寺開山の夢窓疎石です。

当時の傑出した高僧でオピニオンリーダーでもあった夢窓疎石が、北朝支持の西芳寺《さいほうじ》の住持《じゅうじ》（住職）におさまったことで、北朝勝利の情勢に政局は一挙に傾き、足利尊氏が政権を掌握しました。

そして夢窓のすすめにより、敗者である南朝の後醍醐《ごだいご》天皇の供養のため天龍寺は建立されました。また同時に足利政権

の権威の象徴ともなりました。

　現在の天龍寺は、方丈と庭を拝観するコースと、庭のみのコースがあり、時間調節にも便利です。曹《そう》源池《げんち》庭園は借景の名園です。また、方丈には禅の始祖・達磨《だるま》大師の肖像画があり、インドから禅が中国に伝わった経緯を説明したり、禅僧と為政者との関係性を説明したりできます。

竹林の道 ❸

今や嵐山のスターともなっている竹林の道です。

　竹は強い西日と急斜面を嫌いますので、嵐山一帯は竹の生育には好条件でした。

　竹は地下茎が長距離におよんで横走するため、竹単独の群落を形成します。また肥大成長しないため「スリムな体型」を維持します。竹はまっすぐで成長

が速いことから、高潔性と進歩成長の象徴となっています。また竹林七賢人図にあるように、竹林は「俗塵に穢されていない場所」も意味します。

嵐山モンキーパークいわたやま ❹

現在約１２０頭のニホンザルが野生の状態で暮らしています。

　日本人には古来親しみのある猿ですが、外国からの訪問者にとっては珍しい野生生物です。猿は熱帯に生息しているという認識から、日本にいることが不思議に思われていますが、青森県むつ市には、ヒト以外の霊長類のうち世界で最も北に生息するニホンザルがいます（北限のサル）。

　また、ニホンザルのキュートなサイズも人気です。体長47～60㎝、体重6～18㎏、身長は最大でもヒトの3か月乳児、体重は最大でもヒトの4歳児程度にしか

なりません。

1954年、京都大学理学部の研究員が嵐山に生息する野生のニホンザルに餌付けを始めました。その後、サルが餌場に集まるようになり、1957年、一般に公開するために「嵐山モンキーパークいわたやま」が開園されました。料金は大人550円で、所要時間は約40分です。

餌付けできる頂上は標高160m、サッカー場の8割ほどの平地があり京都市内が展望できます。

ガイディングのミニアドバイス

渡月橋からの眺めは必ず喜ばれます。天龍寺や竹林がメインの場合でも、一度立ち寄られることをおすすめします。竹林の道を上がったところを左に折れ、保津川に出るコースもおすすめです。靴を脱ぐことに抵抗がある方には、天龍寺の庭園にお連れすると喜ばれます。

BEST PHOTO SPOT!

1. 渡月橋の南詰から北西に向かって
2. 渡月橋の北詰を100mほど西に歩き、渡月橋の西側から桂川と橋をバックに
3. 竹林の道のつきあたりから、竹林の道を見下ろすように

あわせて行きたい 周辺スポット

天龍寺から徒歩圏内では、野宮神社、大河内《おおこうち》山荘、常寂光寺《じょうじゃっこうじ》、二尊院《にそんいん》、落柿舎《らくししゃ》、祇王寺《ぎおうじ》などがあります。

せっかく嵐山まで足を延ばしたなら、一日かけて嵐山を含む嵐電沿線をめぐるのがおすすめです。嵐電沿線では、鹿王院《ろくおういん》、車折《くるまざき》神社、仁和寺《にんなじ》、妙心寺、龍安寺、等持院《とうじいん》などがあります。

DATA

天龍寺

京都市右京区嵯峨
天龍寺芒ノ馬場町68
☎ 075-881-1235

料金：
庭園（曹源池・百花苑）
大人500円
諸堂（大方丈・書院など）
庭園参拝料に
300円追加

所要時間の目安：
◎約40分

周辺図

祇王寺
清凉寺
小倉山
二尊院
落柿舎
北
丸太町通
常寂光寺
嵯峨嵐山
大河内
山荘
トロッコ嵐山
野宮
神社
トロッコ嵯峨
山陰本線
嵐電嵐山本線
嵯峨野観光線
3 竹林の道
天龍寺 2
嵐電嵯峨
鹿王院
車折神社
有栖川
嵐山
三条通
渡月橋 1
嵐山モンキーパーク
いわたやま 4
嵐山駅
阪急嵐山線
桂川

平安神宮《へいあんじんぐう》

point

平安京大極殿《だいごくでん》のレプリカが9～11世紀頃の京都にいざなう 京都観光都市化の原点

平安神宮って何？

平安奠都《てんと》１１００年を記念するモニュメントとして１８９５年に誕生しました。

現在は神社となっていますが、元は当地で開催された内国勧業博覧会の主要展示物として建設されました。平安京で最も重要な政務や儀式を行った正庁である朝堂院《ちょうどういん》の施設のうち、大極殿《だいごくでん》と応天門《おうてんもん》が約８分の５のスケールで再現されています。

博覧会後、平安京遷都を行った桓武《かんむ》天皇（在位７８１～８０６年）を祀り、神社になりました。

その後１９４０年、平安京最後の天皇、孝明《こうめい》天皇（在位１８４６～６６年）が祭神に加えられ、社殿や回廊などが増築され、現在の姿となりました。

東京遷都後、経済的にも精神的にも沈んでいた京都を観光都市として再生する起爆剤となった内国勧業博覧会。その要であった平安神宮は、京都観光都市化の原点といっていいでしょう。

平安神宮の ここがすごい！

応天門をくぐれば平安時代

京都市の建造物の高さ制限のおかげで、歴史スポットにいったん足を踏み入れると、門が最初に建立された時代にタイムスリップできます。平安京のレプリカとはいえ、十分な迫力を持って訪問者を出迎えてくれます。

内国勧業博覧会は、日本人に初めて魚を横から見せた！

京都の経済を活性化するために開催された内国勧業博覧会は、国民の耳目《じもく》を驚かせる斬新な催しが多々ありました。その一つが仮設「水族館」。それまで日本人は池の上からしか泳いでいる魚を見たことがありませんでした。同博覧会では、水槽で泳ぐ魚を真横から入場者に見せました。

日本最大級の大鳥居がある

「大鳥居」といえば平安神宮の大鳥居ではないでしょうか。平安神宮の応天門の南、京都市美術館の西側に立つ大鳥居は、昭和天皇即位の記念行事の一環として１９２９年につくられました。高さ24ｍ、幅18ｍを誇っています。工法の発達により、戦後巨大な鳥居が建設され、今では日本で第7位の高さにはなりましたが、今も京都のシンボルの一つとして存在感を示しています。

短時間でも、じっくり見ても

平安神宮は、応天門と拝殿、本殿を概観するだけなら15分で見ることができますし、時間がとれそうな場合は、神苑《しんえん》をゆっくり見学すると、トータルで1時間くらいのツアーができます。

こんな人におすすめ

短時間でインパクトのある風景を見たい人

平安時代の装束・乗り物などが見たい人

10月22日の午前9時頃に訪問すると、時代装束に身を包んだ時代祭の参加者や、牛車《ぎっしゃ》、輿《こし》などを間近に見ることができます。

静かな雰囲気の中で、景色を楽しみたい人

周辺の美術館などの文化施設が、アカデミックな空気感を漂わせています。桜のシーズンを除けば比較的観光客も少なく、閑静な神苑を楽しめます。

ガイドポイント

日本の風習

平安神宮などの神社は、結婚式、お宮参り、七五三など、現代日本人の風習を見せるチャンスの多い場所です。

平安神宮は今や人気の結婚式場で、春・秋の週末や祝祭日には、婚礼衣装に身を包んだ新郎新婦や伝統的礼装の参列者を見ることができます。

また、赤ちゃんの生後約1か月後に、健やかな成長を祈ってお参りする「お宮参り」や、男子は3歳と5歳、女子は3歳と7歳に当たる年の11月15日頃に子供の成長を祝って参詣する「七五三」で訪れる家族にもよく出会います。

応天門《おうてんもん》 ❶

平安神宮の正門です。

平安京大内裏（皇居および政府諸官庁の置かれた区域）の中の、朝堂院に南面する門です。

9世紀頃の日本は唐の文明をお手本としていたので、応天門を含む諸建築物に中国風の色使いやシンメトリーの配置が見られます。

注連《しめ》縄 ❷

平安神宮という聖域への入り口を示す結界《けっかい》です。

俗界と神域を隔てる結界で、不浄な物の侵入を禁ずる印でもあります。水平に張られた太い縄は「雲」を、垂れ下がる藁《わら》は「雨」を、ジグザグの紙垂《しで》は「稲妻」を象徴しています。いずれも豊穣に欠かせない現象で、農作物の豊作を祈願する意味もあります。

応天門前の酒樽 ❸

神道では、酒は神様からの贈り物と考えられており、お清めや神饌《しんせん》に用いられます。

日本酒を製造するには2段階の発酵が必要で、でんぷんである米を糖に変え、さらにアルコールに変えます。古代、菌を防ぎ上質の酒をつくるには「神の力」が不可欠だとされていました。

厄年の立て看板

災難に遭う可能性が高いので、忌み慎むべきといわれる年です。

厄年は平安時代から信じられていました。近年では、60歳まで男女別に様々な厄年が設けられていましたが、高齢化社会になり、さらに年長の厄年も設けられています。

平安神宮にも厄年の立て看板がありますので、外国人には神社の役割の一つとして厄払いの説明をするといいでしょう。

玉砂利 ❹

玉砂利には多くの理由があります。

平安神宮には、白さが際立つ玉砂利が深く敷き詰められていますが、玉砂利は深く敷き詰めるほど太陽光が土に届かず、雑草が生えないという効果があります。また、邪気を清める清流を象徴しているともいわれます。

玉砂利は水をはじくので、雨量の多い日本では道が泥だらけになるのを緩和する「簡易舗装」の役割も果たしてきました。

中神苑《なかしんえん》の臥《が》龍橋《りゅうきょう》 ❺

雲の上を龍の背中に乗って飛ぶことをイメージしてつくられた飛び石群です。

中神苑にある飛び石で、かつて豊臣秀吉が市街地に建造した橋の橋脚《きょうきゃく》が再利用されています。

作庭した小川治兵衛《おがわじへえ》（1860～1933年。近代日本庭園の先駆者）は、「龍の背に乗って池に映る空の雲間を舞うかのような気分を味わっていただく」ことを意図したといわれています。

東神苑《ひがししんえん》の泰平閣《たいへいかく》 6

池を渡る橋殿《はしどの》(池・谷・道などの上に、橋のように架け渡してつくってある館)です。

東神苑にある栖鳳池《せいほういけ》の中央付近を東西にまたいでいます。鳳凰を頂く重層の建造物は、橋でありながら楼閣でもあります。総檜皮《ひわだ》葺《ぶき》の木造寄棟造り(四方向きに傾斜する屋根面を持つ建築様式)で、京都御所から移築されたものです。

BEST PHOTO SPOT!

1 応天門の前に立ち、門をバックに

2 泰平閣の椅子に腰掛けて尚美館《しょうびかん》を撮影

3 泰平閣を渡り切って右に回り、東山をバックに泰平閣の全景を撮影

あわせて行きたい 周辺スポット

二条通りまで出て西に向かえばみやこめっせが、さらに西進して東大路通りに出れば、祇園へのバスも頻繁にあります。みやこめっせは無料で伝統産業の展示を見ることができ、おすすめです。東の無鄰菴《むりんあん》(明治・大正の政治家、山縣有朋《やまがたありとも》の別邸。国の名勝に指定)、南禅寺にも徒歩圏内。南禅寺を北上すれば哲学の道にも行けます。

DATA

平安神宮

京都市左京区岡崎
西天王町97
☎075-761-0221

料金：
境内自由、神苑入場料
大人600円

所要時間の目安：
◎約15分
⇒お参りだけ
◎約1時間
⇒神苑もじっくり散策して季節の花を楽しむ

境内図

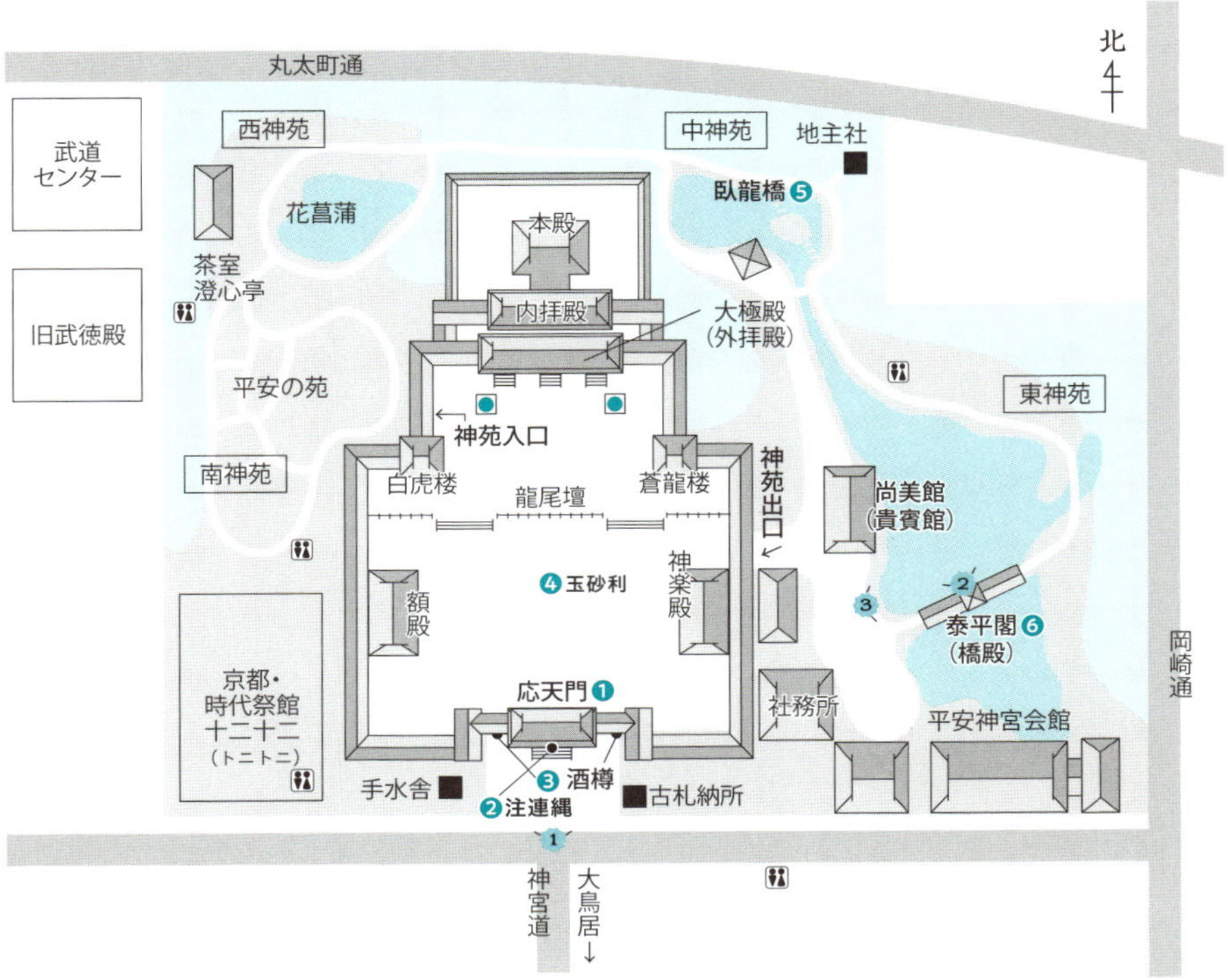

北
丸太町通
武道センター
旧武徳殿
西神苑
中神苑
地主社
花菖蒲
茶室
澄心亭
本殿
臥龍橋 5
内拝殿
大極殿（外拝殿）
平安の苑
東神苑
神苑入口
南神苑
白虎楼
蒼龍楼
龍尾壇
神苑出口
尚美館（貴賓館）
額殿
4 玉砂利
神楽殿
泰平閣 6（橋殿）
京都・時代祭館 十二十二（トニトニ）
応天門 1
社務所
平安神宮会館
岡崎通
手水舎
3 酒樽
2 注連縄
古札納所
神宮道
大鳥居↓

南禅寺《なんぜんじ》

point
数奇な運命を
生き抜いてきた禅の名刹
公家・武家両文化の粋が
境内に併存する
圧倒的なヴィジュアル

南禅寺って何？

亀山天皇の離宮兼、政治事務所が、江戸時代には国務長官の公邸へ。現在は臨済宗の名刹です。

13世紀の終わり頃に、初めて皇室の発願で建立された禅寺で、当時の天皇（亀山天皇）が生母のために造営した離宮が前身です。父が死去したのを契機に、亀山天皇は、兄の後深草《ごふかくさ》上皇と対立します。他にも鎌倉幕府による皇位継承問題への干渉や元寇など、心労の多い半生を過ごした亀山天皇は、僧の無関普門《むかんふもん》を招いて禅寺を開創しました。

江戸時代には幕府の外交関係を管轄した僧、以心崇伝《いしんすうでん》（1569～1633年）が南禅寺の住職となり、外交処理やキリスト教の抑圧、朝廷と公家の統制などを行いました。当時の南禅寺は「外務大臣、もしくは国務長官の公邸」と喩えられます。

明治維新後には、反徳川勢力で形成された新政府によって領地を大幅に没収され、境内を公共事業のために使われました。現在は臨済宗の名刹としてその存在感を示しています。

南禅寺の
＼ここがすごい！／

圧倒的存在感

南禅寺の境内は、山門を筆頭に訪れる人をヴィジュアルで圧倒します。山門から法堂《はっとう》（説法を行う堂）までの力強い中国的な直線配置と、方丈《ほうじょう》のたおやかな和風建築と石庭。豪快にして繊細。閑静な塔頭《たっちゅう》も訪れれば、時間がいくらあっても足りないほど楽しめます。

すべての建造物が一級品！

貴人の応接間でもある方丈は国宝に指定されています。

日本最大級の石灯籠

西の方角を睥睨《へいげい》している三門の前に、高さ６ｍ、日本最大級の石灯籠があります。三門の陰で見過ごしてしまいがちですが、日本三大灯籠の一つともいわれているもので、是非見ておきたいところです。

臨済宗の卓抜した高僧が住持に就任

従来の日本の寺院では、住持のポストは師匠から弟子に受け継がれるのが慣例でした。しかし、南禅寺は僧侶の実力資質を重んじる人材登用主義という、極めて革新的な選定基準を設けました。鎌倉時代初期のスーパースター、夢窓疎石も南禅寺で住持を務めています。疎石は当時のオピニオンリーダー的存在で、疎石が住持になったことは南禅寺の歴史にとって幸運だったに違いありません。高僧の影響力とは偉大なもので、例えば南北朝時代には、夢窓疎石がどの政治家のアドバイザーになるかということが、争いの帰趨《きすう》を決したほどでした。南禅寺は日本の禅寺の中で最高位の格式を持ちますが、こうした開放的な住持相続制度が、その風格を同寺に与え続け、現代にいたっています。

こんな人におすすめ

オーセンティックな禅の枯山水《かれさんすい》を見たい人
方丈の西面に、苔すらない石と砂の枯山水があります。

写真を撮りたい、SNSに投稿したい人
日本屈指の名刹の境内に、古代ローマ遺跡のような雰囲気。
水路閣のレンガのアーチで芸術的ショットを楽しみましょう。京都を舞台にしたテレビドラマなどでもよく登場する場所です。

格式と気品のある京都を見たい人
閑静な境内で落ち着いた観光ができます。哲学の道にも近く、散策にも最適です。

ガイドポイント

三門《さんもん》❶

日本の伝統演劇、歌舞伎の一場面にも登場する巨門です。

その高さは22m（ビル6階程度）。「南禅寺といえば三門」というほど、南禅寺の顔といえる存在です。フィクションではありますが、歌舞伎に登場する盗賊（石川五右衛門《いしかわごえもん》）が、「絶景かな、絶景かな」と見得《みえ》を切る門として登場します。

現在の三門が完成したのは1628年、大名藤《とう》堂高虎《どうたかとら》が寄進したものです。当時、家康はすでに没していました。三門の寄進は、家康亡き後も衰えない崇伝の影響力の大きさを物語っています。

石川五右衛門から世界各国のフォーク・ヒーロー（ロビンフッドやねずみ小僧のような義賊）に話を展開させることもできます。

通常、門と呼ばれる建造物は南面していますが、巨門にして例外なのは南禅寺三門と知恩院の三門。両門とも西に面していて、御所と西国大名の侵入を監視しているかのように見えます。

方丈《ほうじょう》❷

住持の居住空間であり、賓客を応接する建物でもあります。

密教系の僧侶は、宮廷や公家との結びつきが強かったのに対し、禅寺は武家や豪商を経済的支援者として持っていました。禅宗の僧侶は政策や経営についてのアドバイザーとなっていたのです。「檀那《だんな》」とか「檀《だん》越《おつ》」と呼ばれた寺の有力スポンサーがこの方丈に招かれ、住持と面談しました。

禅寺では、方丈に面して石庭があります。有力者の目を楽しませるため、石庭には幽邃《ゆうすう》な意匠が凝らされました。

大方丈庭園では、見学者から見て奥深い方に樹木を集中させ、手前に大きく空間を広げています。白《しら》河砂《かわすな》や花崗岩《かこうがん》を砕いた「砂」は水を表しますが、柔軟性の象徴です。入れ物の形そのものになりきる水は、「執着から脱する」という禅の目的の具象化だといえます。

方丈にある寒山拾得《かんざんじっとく》の像 ❸

禅の神髄を表現する、伝説上の二人の僧です。

方丈の建物の一室に、この寒山と拾得の陶器製のちょっと不気味な像があります。中国・唐の時代の伝説的な僧で、筆と巻紙を持っているのが寒山です。巌窟に住み詩作をしました。箒を持っているのが拾得で、寺の掃除や炊事を任されていました。両者とも終生無垢純真さを失わず、俗世を逃れて天台《てんだい》

山《さん》に暮らしたといわれています。

ある時、唐の高級官吏が、寒山拾得に自分の悩みを解決してもらうために山深い彼らの住まいを訪れました。官吏は自分の役職名から自己紹介を始めました。するとボロボロの衣服をまとった二人は一言もいわず、キャッキャと笑い転げてどこかに行ってしまったという逸話が残っています。

この逸話は「肩書など執着するものがあるうちは煩悩など払えるはずがない」ということを教訓として伝えています。禅の究極の到達目標も執着からの解放です。

水路閣 4

古代ローマの水道橋を思わせる水路建造物です。

南禅寺の境内でひときわ異彩を放っています。琵琶湖の水を京都まで運ぶ水路の一部が、93・2mのアーチ型橋脚を有する水道橋となり、境内を縦断しています。

明治維新で東京に遷都され、京都は著しく経済が落ち込みました。経済復興の起爆剤として、ある大プロジェクトが企画されました。琵琶湖疏水、琵琶湖の水を京都まで引く水路です。

水路閣は1888年に竣工。現在完成から100年以上経過し寂びた味わいを醸し出し周りと馴染んでいますが、当時は仏教寺院の境内にはずいぶん場違いな存在だったと想像できます。このような大胆な工事ができたのも、明治政府にとって反対勢力が所有していた寺院だったからと考えられます。

ちなみに、水路閣ができた翌年には、おも

ちゃやゲームで世界的にも有名な任天堂《にんてんどう》が創業しました。このように、京都は古都でありながら革新的気分が充満しています。南禅寺境内の水路閣は、伝統と革新が共存する京都の縮図のようです。

天授庵《てんじゅあん》 5

曲線とアップダウンのある庭園が見事な、南禅寺の開山塔です。

天授庵は、南禅寺の開山の無関普門を奉祀する同寺の開山塔です。紅葉の時季を除けば、名刹の塔頭とは思えないほどの静寂さが楽しめます。

本堂前庭と書院南庭があります。本堂前庭は枯山水。横長の庭で、参観者は本堂の縁に腰を掛け、木立と石、砂紋がくっきりした白沙、ここに苔の緑が加わった閑静な空間で憩いのひと時を過ごします。

書院南庭は訪問者の期待感を最大限に高める設計が施されています。池泉回遊式庭園によく見られる曲線的な小道にアップダウンが施されていて、次にくる景色が見えないようになっているのです。二つに見えていた池が実は一つであったり、急に視界が広がったかと思うと苔と竹藪の山道に迷い込んだりと、目を楽しませてくれます。

池の錦鯉も立派で、錦鯉の話題（錦鯉は食用鯉の突然変異によって日本で生まれたこと、日本では鯉が長寿・立身出世のシンボルであることなど）へと自然に展開できる場所です。

池を渡る場面も用意されています。さほど広くはないものの、静寂ゆえに庭園の美に直接向き合える貴重な空間です。

ガイディングの
ミニアドバイス

南禅寺は紅葉の時季を除けば、有名寺院にしては閑静なところで、方丈庭園前で腰をおろし、物思いにふけることもできます。

ガイディングのミニアドバイス

概していえば、禅寺を案内する場合、「京都五《ご》山《ざん》」（臨済宗で最高の寺格を示す代表的寺院。京都では天龍寺、相国寺《しょうこくじ》、建仁寺、東福寺、万寿寺。その上に別格の南禅寺が置かれた）と称される寺院にお連れすれば喜んでもらえます。荘厳重厚なヴィジュアルが圧倒的だからです。特に、南禅寺にお連れする場合には、事前に南禅寺が「別格上位」という格付けをされていたというだけでもワクワクするお客様もおられます。

当寺の重要人物である以心崇伝が徳川家の高級官僚であることから江戸時代の形成についての話を、また水路閣を見ながら幕末から明治維新にかけての話をすることもできます。

法堂の中は外からのぞくようにしか見えませんが、東寺のような密教系の寺院と違って、安置されている仏像が小さいことなども説明できます。

散策するだけでも十分価値はありますが、お客様の興味や関心、時間の余裕により、三門の上にあがったり、公開している塔頭寺院を訪れたりすることも可能です。

BEST PHOTO SPOT!

1. 三門は大きいため、全景が入るように距離を保って
2. 三門に登って、絶景を見ているところを下から撮影
3. 水路閣の上に登り、水流を撮影。水路閣は橋脚のトンネルも良いが、水の流れを撮るのも面白い

あわせて行きたい周辺スポット

南禅寺は哲学の道の南端近くに位置しています。永観堂《えいかんどう》がすぐ北の位置にあり、哲学の道まで出て北上すれば、銀閣寺にも行けます。京都のビバリーヒルズともいうべき南禅寺別荘群も徒歩圏内、その一つ無鄰菴が公開されています。平安神宮へも徒歩で行けます。

DATA

南禅寺

京都市左京区
南禅寺福地町
☎ 075-771-0365

料金：
方丈庭園　大人500円
三門　大人500円
南禅院　大人300円

所要時間の目安：
◎約30分
⇒ささっと一周
◎約1時間30分
⇒三門に登ったり、方丈庭園を見学したり

境内図

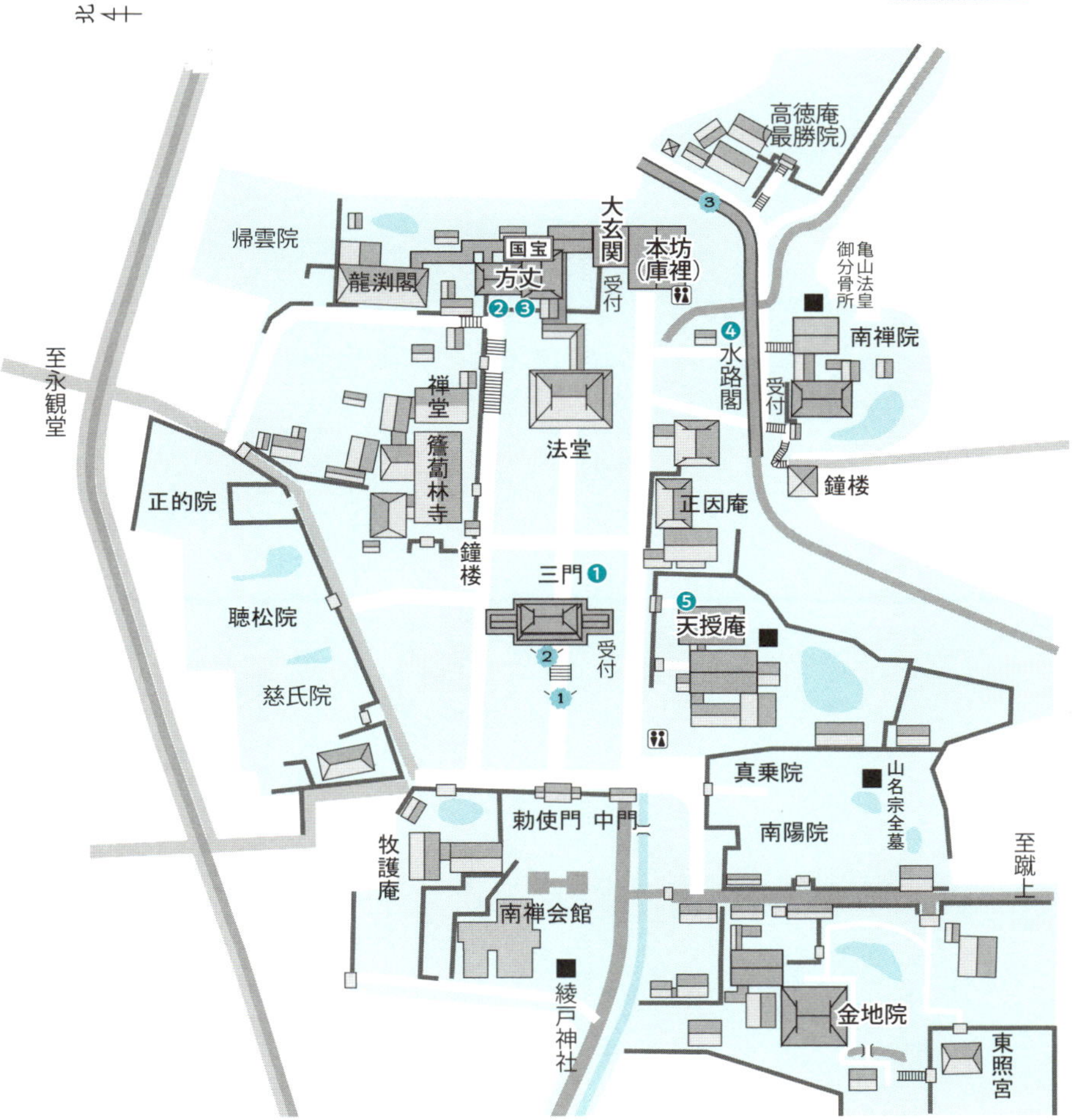
北
至永観堂
帰雲院
龍渕閣
国宝
方丈
大玄関
本坊（庫裡）
受付
高徳庵（最勝院）
亀山法皇御分骨所
南禅院
受付
④水路閣
禅堂
法堂
簷蔔林寺
鐘楼
鐘楼
正的院
正因庵
三門①
受付
⑤天授庵
聴松院
慈氏院
真乗院
山名宗全墓
南陽院
勅使門
中門
牧護庵
南禅会館
綾戸神社
至蹴上
金地院
東照宮

しもがもじんじゃ

下鴨神社

世界遺産

point

京都最古の社《やしろ》
原生林・糺《ただす》の森に
抱かれた
世界遺産

下鴨神社 って何？

創祀（祀られた起源）は紀元前。治水と五穀豊穣を祈願した社です。

創建年は不明ですが、日本書紀の中では神武天皇2年（BC658年）に、カモ氏が当社の祭神を祀ったとあります。古代より当地を開発したカモ氏が、祖先神と雷神（現在は上賀茂神社が担う）を祀り、賀茂川の治水と五穀豊穣を祈願して下鴨神社を建てました。

公式名は賀茂御祖《かもみおや》神社。主祭神は男神の賀茂《かも》建角身命《たけつぬみのみこと》とその娘である玉依媛命《たまよりひめのみこと》の二神。玉依媛命が別雷神《わけいかずちのかみ》を産んだとされ、別雷神は賀茂別雷神社（上賀茂《かみがも》神社）の祭神になっています。

下鴨神社の
ここがすごい！

群を抜く格式の高さと歴史の長さ

第二次世界大戦前には社格制度があり、大きく7ランクに分けられていました。その中で下鴨神社は最高位(官幣大社《かんぺいたいしゃ》)に属していました。また、祭礼に際しては天皇より勅使が遣わされる勅祭社《ちょくさいしゃ》でもあります。京都が山城《やましろ》国と呼ばれていた時は、一《いちの》宮《みや》すなわち地域で第1位の神社でした。また、７９４年に桓武天皇が平安遷都のため、下鴨神社に行幸して以来、皇室とのつながりが強くなったといわれています。

原生林を有する糺の森がある

亭々たる杉木立が圧倒的な存在感を示す神社が多い中、下鴨神社の参道でもある糺《ただす》の森は、クスノキの他は落葉樹も数多く植えられています。神道本来の自然を尊重する、ありのままの参道に癒されます。

式年遷宮が行われる

伊勢神宮で有名な式年遷宮(周期を定めて社殿を更新し、新たな社殿に神体を移すこと)。伊勢神宮は20年に一度ですが、下鴨神社では伊勢神宮への配慮から21年ごとになっています。式年遷宮はどの神社もできるわけではなく、信奉者が多く財政的にも豊かでないとできません。ほとんどの神社では大きな改築は50～60年に一度が普通です。

天皇の皇女が巫女となった

天皇即位の時、天皇の名代として神社に遣わされた天皇の皇女(内親《ないしん》王《のう》もしくは女王《じょおう》と呼ばれる)を「斎王」と呼びます。この斎王がいたのは、伊勢神宮と下鴨神社だけです。下鴨神社では斎院と呼ばれ、嵯峨天皇が始め、承久《じょうきゅう》の乱(１２２１年)で途絶えるまで続きました。

こんな人におすすめ

森林浴を楽しみたい人
境内の糺の森をゆっくり散歩していると、疲労感が取れます。ストレスホルモンの減少、病気に対する免疫力増強にも効果があるとされています。

日本の婚礼の様子が見たい外国人
下鴨神社も人気の結婚式場です。新郎新婦・両家関係者が控室から式場へ列を連ねるところを間近に見ることができます。

静かな雰囲気で神社を参拝したい人
境内も広く、拝観順路もないので、人の波に圧迫されることはありません。

ガイドポイント

葵祭

京都三大祭りの一つ。王朝風俗を現代に伝える貴重な祭礼です。

起源は今から約1400年前、欽明《きんめい》天皇（在位531〜571年頃）の治世に、風水害を鎮め五穀豊穣をもたらすため獅子頭をかぶせた人間を走らせ、神の機嫌を取り祈願が成就されました。

後の819年、嵯峨《さが》天皇が国家的な祭礼としました。応仁の乱で中断されましたが、1694年に将軍徳川綱吉が復興。

徳川家の源流がカモ氏であるということも理由の一つですが、秩序で世の中を治めようとした徳川幕府にとって、朝廷の催事を尊重し朝廷に権威を持たせることは、（天皇権威から政権を託されている）幕府の権威付けにも好都合だったと考えられます。

葵祭は当初「賀茂祭」と呼ばれていましたが、徳川幕府により再興された後、参加者の装束や乗り物を葵の葉で飾ったことから、「あおい祭」の呼称が付いたといわれています。賀茂神社（上賀茂神社と下鴨神社）では古くより神紋として双葉葵を使っていたことから、徳川家の方が三つ葉葵の家紋の原型にしたのではないかという説もあります。

糺《ただす》の森 ❶

神道本来の自然（あるがまま）を大切にした参道の森です。

神道には本来、造園とか造林といった、自然を造作する概念がないので、仏教寺院のように有力な檀越をもてなすためにつくられた庭園はありません。

神社の場合、神社の尊厳性や神秘性を強調するために、整然と常緑樹の杉が植えられますが、下鴨神社の糺の森は落葉樹が約70％を占めています。冬期には落葉しますが、そのことがかえって人の一生を見るように自然な時の流れを感じさせてくれます。

糺の森は、1934年の室戸《むろと》台風と翌年の大水害の後に植栽されました。森を流れる小川に則して河畔林が選ばれました。常緑のクスノキが25・5%、杉が2・3%、主な樹木である落葉樹のエノキ、ムクノキ、ケヤキは合計で50・8%を占めています。整然と刈り込まれた仏教寺院の庭園の樹木とは違って、おおらかな優しさがあります。

河合《かわい》神社❷

美貌の神様を祀る神社です。

下鴨神社の南の入り口、御蔭《みかげ》通りから50m北に位置しています。

日本一の美麗神、玉依媛命が祀られていて、ご利益は美貌です。そのため、参拝者の多くが女性です。

隠者文学の傑作『方丈記《ほうじょうき》』を残した歌人の鴨長明《かものちょうめい》は、下鴨神社の神職の次男に生まれました。家督継承争いで不遇を経験し、出家しました。方丈記をしたためたという方丈(一丈、つまり3㎡の部屋)が河合神社に復元されています。可動・組み立て式家屋ですから、収納できる家具「ノックダウン・ファーニチャー」になぞらえて「ノックダウン・ハウス」と外国人に紹介すると面白いかもしれません。

鴨長明の生涯は平安時代末期の動乱に大きな影響を受けました。同じくイギリス隠者文学の大家、アイザック・ウオルトンも、ピューリタン革命という動乱を生きて素朴ながら味わい深い作品を残したので、例に出すことがあります。

鳥居の先にあるさざれ石❸

古代からの岩石信仰の象徴。

鳥居をくぐると、楼門との間、左側に高さ約1・3m、幅約1・7mの岩石が出迎えてくれます。注連縄が巻かれたその岩石は、火山の噴火により石灰岩が分離集積した後、凝固してできました。こぶし大の石が多数集まり、岩石を形成するという不思議

な外観を持っています。

日本の国歌にある「さざれ石の巌《いわお》となりて」は、さざれ石（小さな石）が巌（高く突き出た大きな石）に成長していく様を描写したもので、古代人が石の成長を信じていたことを物語っています。この表現は「永く栄えることを祝う」意味も持っています。

御手洗《みたらし》④

巨石を用いた手洗い場です。

歴史の長さを物語るものに、舟形の磐座《いわくら》石の手水鉢と、そこへ水を注ぎこむ樋があります。磐座石は幅３・５m、奥行き１mはあろうかという巨石。樋は樹齢６００年のケヤキを切り出したものが使われています。

相生社《あいおいしゃ》⑤

縁結びの神様です。

楼門前に「連理《れんり》の賢木《さかき》」という不思議な木を持った社があります。連理とは、一本の木の幹や枝が他の木の枝や幹と連なって木目が通じていることで、「男女の深い契り」の喩えになっています。

相生社の賢木は幹がいったん二股に別れて、また先でもつれ合うように組み合っています。男女の深い縁の象徴となり縁結びの社として多数の参拝者が訪れます。紅白の紐と二つの小さな鈴のついた、愛らしい絵馬が売られています。

米俵⑥

山積みの米俵がお供えされています。

南から楼門に向かって右側（東側）に、神社定番の酒樽のお供えがあり、左側（西側）に米俵のお供えがあります。外国人には馴染みが薄いため、約60kgの米が入る藁袋で、豊かな実りを象徴する縁起物であることなどを説明すると喜ばれます。

舞殿《まいどの》 7

神に奉納する舞楽を行うために建てられた、格式高い建物です。

葵祭で勅使を迎える建物でもあり、横に並ぶ東本殿と西本殿の中心を延ばした線上にあります。

建物を形成する材木の端が漆喰《しっくい》(消石灰に粘土・糸くず・ふのりなどを混ぜて水で練ったもの)ではなく、金具で装飾されています。壁がないのは神霊が自由に行き来できるようにしつらえてあるためです。

橋殿 8

清流の上に建てられた文化サロン。

御手洗川に架けられた橋が館になっています。

ここでは元旦の謡曲《ようきょく》(能の謡《うた》いと舞)始め、名月管弦祭など、舞楽、箏曲などが奉納されてきました。

祭事は神への奉納ではありましたが、貴族にとっては文化サロンの役割も果たしていました。

御手洗池の輪橋《そり》 9

橋は、特別な場所に行くことを象徴しています。

太鼓橋は、神泉苑や大阪の住吉大社でも見られますが、この輪橋(太鼓橋)の反り方はほぼ円状になっていて渡れそうにありません。輪橋の両端に注連縄が施され、渡れないようにしてあります。通常、水で隔てられた場所の手前側と反対側は此岸(この世)と彼岸(あの世)を表し、太鼓橋の急な坂は生と死の間には大きな隔たりがあることを表しています。

言社《ことしゃ》 10

拝殿前に七つの小ぶりな摂社が鎮座しています。

大国主命《おおくにぬしのみこと》がその働きごとに七つの名前を持ち、そのうち五つがそれぞれ二つの干支の守護神に、残りの二つがそれぞれ一つの干支の守護神になっています。結婚相手との相性を干支で調べたり、「申」の日は「去る」に通じるので婚礼を避けたりするなどの俗信があったことは、外国のお客様に興味を持っていただける話題です。

三井社《みついしゃ》 ⑪

厳かな式内摂社です。

本殿の西隣に佇むこの摂社は、神話に登場する三神（賀茂《かも》建角身命《たけつぬみのみこと》・伊賀古夜日売命《いかこやひめのみこと》・玉依媛命《たまよりのひめのみこと》）を祀っています。社というより「廟《びょう》」ともいうべき厳かさを漂わせています。お賽銭箱のところまで行って頭を下げるだけで、その引き締まった社のたたずまいが感じられます（摂社については、146頁参照）。

大炊殿《おおいどの》 ⑫

神様にお供えする食事を調理する台所で、お供えが展示されています。

この大炊殿の前庭は葵の庭と呼ばれ、下鴨神社の神紋でもある双葉葵が自生しています。

BEST PHOTO SPOT!

1 河合神社内の六社《むつのやしろ》を撮影 苔むした屋根に趣があります

2 朱塗りの楼門をバックに

3 舞殿の西北から、楼門と舞殿を撮影

あわせて行きたい
周辺スポット

旧三井家下鴨別邸（豪商の別邸）が下鴨神社から徒歩圏内にあります。中心地にある京都御所なども近距離にあります。東の銀閣寺や哲学の道に行くにも、西の大徳寺や金閣寺に行くにも便利な場所です。出町柳駅まで歩き、叡山《えいざん》電鉄で鞍馬寺《くらまでら》や貴船《きふね》神社に行けます。

DATA

下鴨神社

京都市左京区
下鴨泉川町59
☎ 075-781-0010

料金：
境内自由
大炊殿拝観
大人500円

所要時間の目安：
◎約30分
⇒ぐるっと一周
◎約1時間
⇒休憩所で甘味を楽しんだり、河合神社で絵馬を納めたり

境内図

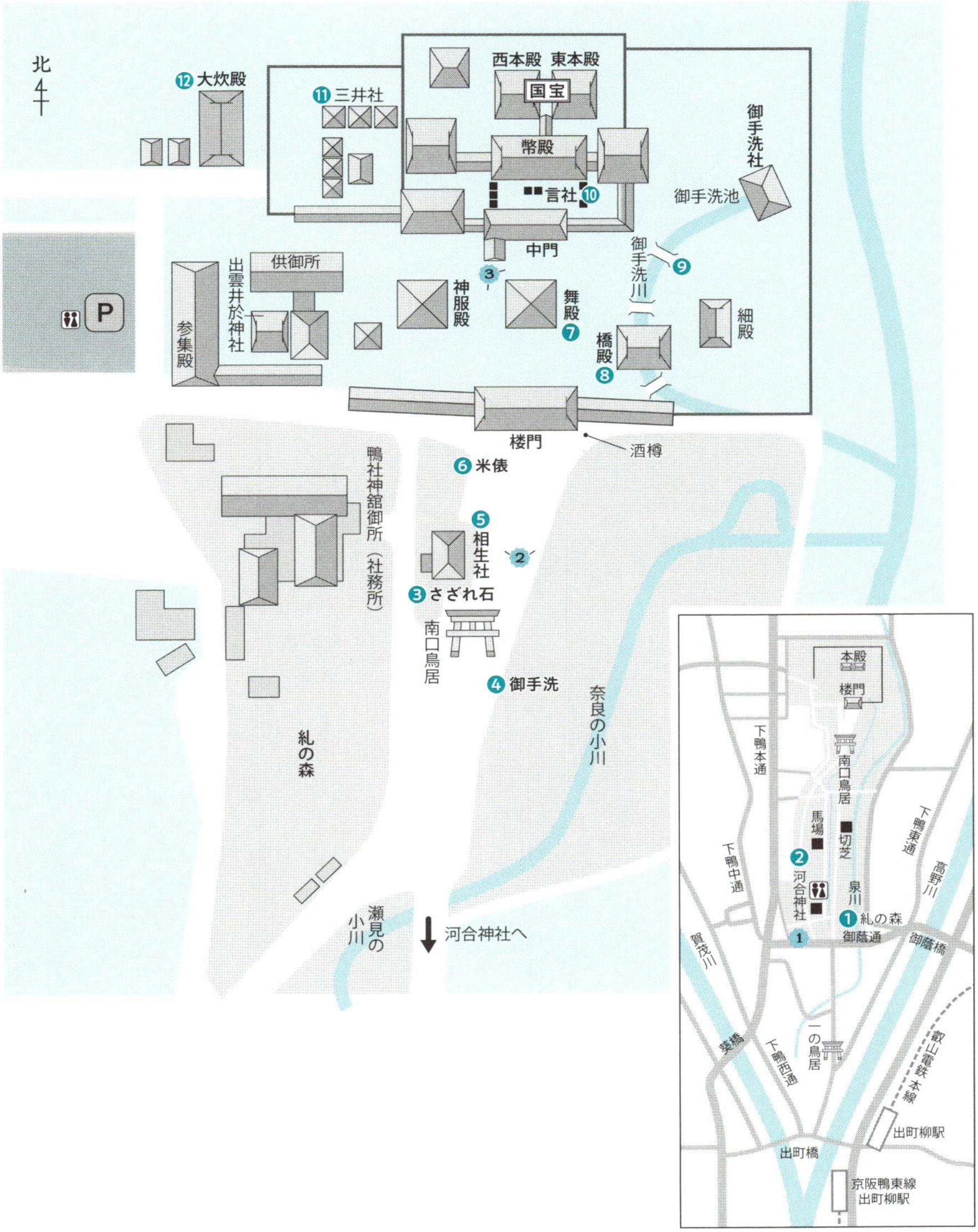
北
⑫大炊殿
⑪三井社
西本殿
東本殿
国宝
幣殿
言社⑩
中門
御手洗社
御手洗池
御手洗川
⑨
供御所
出雲井於神社
参集殿
神服殿
舞殿
⑦
細殿
橋殿
⑧
楼門
酒樽
⑥米俵
鴨社神館御所（社務所）
⑤
相生社
2
3
③さざれ石
南口鳥居
④御手洗
奈良の小川
糺の森
瀬見の小川
河合神社へ
P
本殿
楼門
南口鳥居
下鴨本通
馬場
切芝
下鴨東通
高野川
下鴨中通
河合神社
泉川
①糺の森
御蔭通
御蔭橋
賀茂川
葵橋
下鴨西通
一の鳥居
叡山電鉄本線
出町柳駅
出町橋
京阪鴨東線
出町柳駅

世界遺産

東寺《とうじ》

point

平安京の原点であり、
京都市観光化の原点
公式名は「教王護国寺《きょうおうごこくじ》」

東寺って何？

9世紀初頭、天皇のアドバイザーである僧が整備した国立寺院です。

当時の天皇（嵯峨天皇）のアドバイザーとして信頼されていた僧（空海）によって整備された、国立の仏教寺院です。当時の仏教寺院は、現在のような宗教施設というよりは、学問施設としての役割が主でした。仏教勢力の政治介入を防ぐために平安京に遷都されたものの、当時、最先端の唐文化を学んだ仏教僧の知識や実務能力は、国の運営に必要不可欠でした。そのため、天皇は西寺《さいじ》（現存していない）、東寺のみを平安京につくることを許し、ここから唐文化を日本に浸透させようとしたのです。

当寺院の運営を任された空海は、奈良時代に導入された文化系的な学問に加え、薬学、土木工学、気象学、地学、鉱物学等の理科系分野の学問の充実に大きく寄与しました。寺院の名称の「教王護国寺」とは、「教えの王、国を護る」という意味です。現在も当寺院は教育に深くかかわり、国内有数の中高一貫校を運営して優秀な人材を輩出し続けています。

東寺の ここがすごい！

唯一の平安京の遺構

平安京内につくることを許された寺は、東寺と西寺のみでした。そのうち西寺は現存していないため、東寺が平安京唯一の遺構といえ、当時からこの地にありました。北総門から南に向かう櫛笥小路《くしげこうじ》は、平安京当時から幅が変わっていない貴重な通りです。

国風化する以前の寺院建築

東寺が建てられた当時は、まだ日本が中国の模倣をしていた時代です。そのため、中国風の寺院建築を見ることができます。

ヴィジュアルの荘厳さ

日本で最も高い五重塔、創建当時の規模を踏襲する金堂《こんどう》、講堂内の立体曼荼羅《まんだら》(仏像)など、壮大な仏教建築、美術が楽しめます。

観光都市、京都の原点

当寺院の南大門《なんだいもん》は京都が観光都市として生まれ変わったシンボルの一つです。平安遷都1100年を記念して、1895年に内国勧業博覧会が開催されました。その頃、日清戦争とも重なっていたことから、日本は財政難に苦しんでいました。同博覧会のパビリオンであった大極殿のレプリカ(後の平安神宮)も8分の5に縮小され建設されました。そういった財政事情でしたが、平安京の表玄関といってもいい東寺の南大門(当時焼失したまま)は再建すべしという、時の京都府知事(中井弘《ひろし・ひろむ》)の主導で三十三間堂の西門を購入し、この寺に移築しました。平安京最古の遺構の「顔」が整い、東寺は平安神宮と並び東京遷都後の京都復興のシンボルとなりました。

こんな人におすすめ

平安京の原点を見たい人

東寺が存在してきた土地の姿と位置は変わっていないため、近くの羅城門跡との距離感も自らの足で確かめることができます。一説に、平安遷都直後は渤海《ぼっかい》からの使節のための迎賓館的役割もしていたといわれています。その雰囲気が感じられる場所です。

奈良に行く時間はないけれど、奈良の雰囲気を味わいたい人

東寺は平安京遷都からほどなく建立されたため、奈良時代の中国風建築を色濃く残しています。

ガイドポイント

不二桜 ❶

大木の八重紅枝垂れ桜です。

拝観券を購入して入ると、まず目に飛び込んでくるのがこの巨木です。桜としては高齢の、樹齢約120年。東北地方から移植されたため、土壌が合わず少し弱っていますが、春には見事な桜花を見せてくれます。

瓢簞池と庭園 ❷

水の魔術師、小川治兵衛《おがわじへえ》の庭です。

東寺の瓢簞池と庭園は比較的新しく、1934年、小川治兵衛の作です。治兵衛を読み解くキーワードは「水」。五重塔はどの方向から見ても威容を誇っていますが、瓢簞池をはさんで聳える五重塔は、尊厳の中にも優しさが見えます。寺の池には元来、殺生を禁じることを視覚的に教育するための「放生池」の役割もありました。その教え通り、この瓢簞池では鯉が遊泳し、亀が池の甲羅干しを楽しんでいます。

五重塔 ❸

仏教の祖、釈迦の遺骨などを納めた建物です。

東寺の五重塔は、日本の木造建築物のうち一番高いもので、その高さは約55m(ビル5階程度)です。仁和寺の五重塔で解説するように(118頁参照)、五重塔は高い技術を必要とする建築物ですが、東寺の五重塔は落雷などによる4度の焼失にもかかわらず、その度に再建されています。現在のものは、17世紀半ばに再建されました。

金堂 ❹

本尊(最も主要な信仰の対象)の像を祀るための建物です。

東寺が創建されてから、最初に建てられたのがこの金堂です。

安置されている本尊は薬師如来です。薬師如来は実際の人間の病気のみならず、あらゆる災いを起こすもとになるものを治療、すなわち治めてくれる仏です。平城京が政争や水銀禍に見舞われたり、長岡京が洪水の被害に遭ったりしたため、新都である平安京が平穏無事であることの願いが薬師如来に込められています。

ふつう、この仏は薬の壺を持っていますが、東寺のものにはこれがなく、古い様式の仏像であるといわれています。

講堂 ❺

かつて僧侶が経典の講義や説教をするために使っていた、東寺の中心的建物です。

講堂の本来の機能は、僧侶が仏教を学ぶ場所でした。大勢が一堂に会するというより、一対一で師匠と弟子が対峙して、ディベートのような議論形式の勉強もありました。

堂内にある一群の仏像は立体曼荼羅《まんだら》といい、仏教の世界を表現しています。21体の仏像が置かれており、圧巻のヴィジュアルです。仏教の教えを目に見える形で表したものです。中心に坐しているのが大日如来で、大日如来が様々に化身し衆生を仏教の世界に導いたり、悩みを救ったり、邪気を払ったりする姿を表現しています。

仏教がヒンドゥー教より体系化された優れた思想であることも表現しています（仏教優位性の具現化）。インドの古代神話のカミやヒンドゥー教の神々が仏教に帰依し、その護法神として働いています（明王・天）。曼荼羅は宇宙の理を説いているともい

われ、大日如来を太陽に見立てれば、惑星が四仏（密教で大日如来を囲む四方の仏）で、さらにその惑星に菩薩や明王・天などの衛星がしたがっています。

宝蔵《ほうぞう》❻

寺の宝を納めるための蔵です。

空海が唐から持ち帰った密教法具や経典や袈裟《けさ》などの宝を納めていました。そのため、宝蔵の周りは堀で囲まれており、火事によって燃えてしまうのを防いでいました。

トップ通訳ガイドの ひとくちメモ

空海には、先進唐文化の輸入、天皇権威の補強、平安京恒久化への寄与、狩猟民族の保護、学問の推進など、多岐にわたる業績があります。

BEST PHOTO SPOT!

1 瓢箪池の北岸から、瓢箪池と五重塔をバックに

2 宝蔵の堀の北端から、堀、堀に架かる反り橋、五重塔をフレームに収める

3 南大門基壇の南端から、南門の入り口をフレームに見立てて、金堂を撮影

あわせて行きたい 周辺スポット

西本願寺までは徒歩20分（バス10分）程度で行けます。庶民に支えられた念仏系の西本願寺と、貴人に支えられた密教系の東寺の建築様式を比較すると面白いでしょう。また、徒歩もしくは近鉄電車で京都駅まで行けば、地下鉄で二条城、御所などへのアクセスも便利です。

DATA

東寺

京都市南区
九条町1番地
☎075-691-3325

料金：
金堂・講堂大人500円
観智院大人500円
共通券大人800円
（特別拝観時は異なるため要確認）

所要時間の目安：
◎約40分
⇒境内をぐるりと一周。春と秋には、宝物館などの特別拝観も

境内図

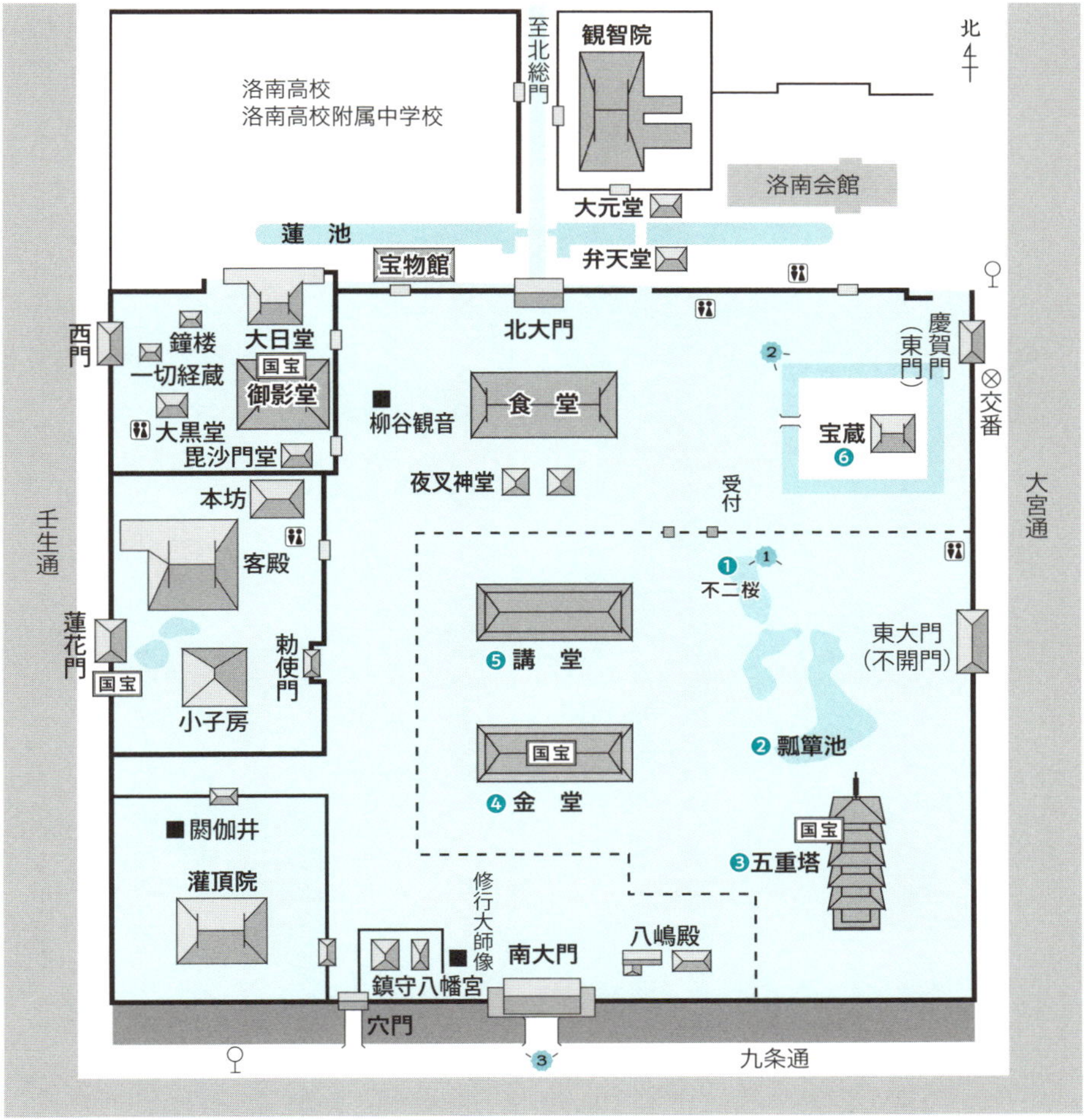

北
観智院
至北総門
洛南高校
洛南高校附属中学校
洛南会館
大元堂
蓮　池
宝物館
弁天堂
西門
鐘楼
大日堂
一切経蔵
国宝
御影堂
大黒堂
毘沙門堂
北大門
柳谷観音
食　堂
夜叉神堂
慶賀門（東門）
交番
宝蔵
6
2
受付
大宮通
壬生通
本坊
客殿
蓮花門
国宝
勅使門
小子房
1 不二桜
5 講　堂
東大門（不開門）
国宝
4 金　堂
2 瓢箪池
閼伽井
灌頂院
国宝
3 五重塔
修行大師像
鎮守八幡宮
南大門
八嶋殿
穴門
九条通
3

とうふくじ

東福寺

point

渓谷から見下ろす
紅葉が絶品
模範とする
東大寺の「東」と
興福寺の「福」を
とり命名

東福寺って何？

13世紀初頭に、公卿によって建てられた禅宗の寺です。

鎌倉時代前期の公卿、九条道家が、貴族の政治権力維持のために当時の有力僧、円爾《えんに》を開山に招いて創建しました。

九条家は、11世紀前半に摂関政治全盛を迎えた藤原北家の嫡流であり、九条道家も摂政、関白として権勢を得ました。

「東福寺の伽藍面《がらんづら》」と称されるほどの大伽藍を擁したこの寺は、伸長著しい武家に対抗するための、旧勢力藤原家を象徴する建造物でした。

平安遷都以前は秦氏の本拠地だった東福寺周辺は、その後秦《はた》氏と縁戚関係を結んだ藤原氏の本拠地になりました。当時、東福寺周辺は稲荷山にも近く、天然資源の宝庫でした（61頁参照）。東福寺に入った画僧、明兆《みんちょう》が用いた赤色は、「不動明王を描けば火炎が燃え立つ」といわれるほど鮮やかでした。この赤色は、「絵具谷」と呼ばれる稲荷山の採掘場から採取された辰砂《しんしゃ》でした。

東福寺の
＼ここがすごい！／

禅宗現存最古の三門

東福寺の三門は、南北朝が統一され、足利幕府が比較的安定していた頃、第四代将軍足利義持《よしもち》によって復興されたものです。

日本最大の涅槃図がある

東福寺の名声を高めた最大の功労者、画僧明兆。明兆は東福寺に多数の作品を遺し、その多くが重要文化財となって保管されています。中でも、毎年の涅槃会（釈迦入滅の日に行われる法会）で公開される「大涅槃図」は圧巻。縦15m、横8mの大作で、日本最大級です。

初代住持の円爾は日本初の「国師」

九条道家が円爾を京に招聘し、東福寺の開山に迎えたのをきっかけに、円爾は宮中で天皇に進講（学問を講義すること）するようになりました。天皇や高名な武士、僧らを教導したことで、天皇から「聖一《しょういち》国師」の諡号《しごう》（生前の事績への評価に基づき死後に贈られる名前）を贈られました。これが日本の国師号の最初で、以後優れた高僧に国師号が与えられるようになりました。

重森《しげもり》三玲《みれい》作の石庭がある

釈迦八相（釈迦一代における八つの重大事相）をモチーフにした方丈庭園は、昭和が生んだ偉大な庭園家、重森三玲が作庭したものです。

（こんな人におすすめ）

新緑のエネルギーをいっぱい浴びたい人
秋の紅葉も有名ですが、初夏の「青もみじ」もおすすめです。

じっくり写真を撮りたい人
立派な伽藍を有している割に、ハイシーズンを除くと訪問者が多くないので、時間をかけて素敵なショットが撮れます。拝観順路の制限がないので、思い思いの行き方で楽しめます。

静かな雰囲気で、伽藍、石庭を味わいたい人
紅葉の時季以外は静けさに包まれています。一年を通じて通天橋《つうてんきょう》は清潔で厳かな雰囲気を持っています。

ガイドポイント

三門❶

禅寺の三門としては現存最古のものです。

三門の鳥衾《とりぶすま》(鬼瓦の上に、反って長く突き出した円筒状の瓦)に職人が残した「応永十二年」(１４０５年)の文字が箆《へら》で記されており、この時代の竣工であることがわかっています。

禅宗の三門でありながら構造的には大仏様が採用されており、挿肘木《さしひじき》(柱に差し込んで前面に出していく肘木)と数段の三斗《みつど》を上下に重ねただけのシンプルな柱間が特徴です。１９５２年、国宝に指定されました。

五社成就宮《ごしゃじょうじゅきゅう》❷

東福寺の鎮守社(神仏習合の結果、寺の鎮守のために建立された神社)です。

石清水《いわしみず》八幡《はちまん》・賀茂・稲荷・春日・日吉の五神が祀られています。

三門の東側には、禅寺には珍しく、鳥居がまるで伏見稲荷の千本鳥居のように立ち並び斜面を駆けあがっています。

東福寺が建立される以前は藤原氏の密教系の寺があった場所で、密教系には神仏習合の思想があったため、神社が寺域内にあります。絵になるので、外国人観光客はよく写真を撮っています。

本堂 ❸

本尊を安置する建物です。

昭和以降では最大となる木造の仏堂で、15年以上もの年数（1917～34年）をかけて建造されました。台湾ヒノキの巨材を使用しています。

台湾から大阪港までの輸送費だけで、現在の約1億3000万円相当が見積もられましたが、海軍の軍艦が無料で運んだという逸話があります。高さが25・5mで、南禅寺の三門（22m）を凌ぎます。

内部の鏡天井（鏡のように平面に板を張って仕上げた天井）には、画家堂本印象《どうもといんしょう》（1891～1975年）の雲龍が描かれています。毎年、3月14、15、16日の涅槃会で、明兆筆の「涅槃図」が公開されます。

東司《とうす》 ❹

現存する最古最大の厠《かわや》（トイレ）です。

もとは本堂の両側に東司、西司《さいす》があり、役職で使い分けていましたが、西司も東司と呼ぶようになり、禅寺（主に曹洞《そうとう》宗）では「東司」がトイレの一般名になりました。

東福寺の東司は百人が一度に使用できるほど大きいので、百雪隠《ひゃくせっちん》の異名を持っています（雪隠もトイレの意）。排泄物は農業用の肥料として売られ、寺院の収入にもなりました。

方丈庭園 ❺

禅の精神を具現化した庭園です。

意匠を凝らした重森三玲の庭園。本来の作庭者のコンセプトから、釈迦の誕生から入滅を表現したとする「八相の庭」と呼ばれてきましたが、2014年に国指定名勝になって以降は、「東福寺本坊庭園」へ呼称変更になりました。

重森に依頼されたのは、「寺域内にあった材料を余すところなく使う」という、禅の精神に基づいた造園でした。**東庭**では、東司で使われていた円柱の石を再利用し、北斗七星を表現しています。

南庭は、想像上の楽園（四仙島）とそれを取り囲む海（八海）が表現されている、最も広い庭です。三玲の石の配置には他の庭園には見られない特徴があり、「立ちはだかって鑑賞者と対峙している」石があります。

西庭は、「井田《せいでん》の庭」と呼ばれ、サツキの刈込と葛石《かずらいし》で市松模様を表現していますが、この葛石は方丈で縁石として使われていたものです。市松模様は上下左右とも途切れずにつながっていることから、子孫繁栄や事業継続の縁起を持つデザインとして親しまれています。

北庭では、かつて勅使門から方丈まで敷き詰められていたものを正方形の敷石として使用しています。最初ははっきりとした市松模様が徐々に崩れるように配置され、釈迦が入滅に向かう姿を表現しています。

BEST PHOTO SPOT!

1 放生池の南から、池と豪壮な三門の組み合わせを撮影

2 方丈の南西から本堂を撮影

3 通天橋の北端から通天橋そのものを撮影。木造の橋のラインが美しい

あわせて行きたい

周辺スポット

周辺には伏見稲荷大社、泉涌寺《せんにゅうじ》、今熊野観音寺、三十三間堂、智積院《ちしゃくいん》など、有名スポットが盛りだくさんです。東福寺から徒歩圏内に瀧尾《たきのお》神社という小さな社があります。全長8mもある木彫りの龍が、拝殿の天井を覆うように這っており、パワースポットとしても人気のようです。

DATA

東福寺

京都市東山区本町
15丁目778
☎075-561-0087

料金：
通天橋・開山堂
大人400円
東福寺本坊庭園
大人400円

所要時間の目安：
◎約30分
⇒急ぎ足で通天橋周辺を散策
◎約1時間
⇒境内をぐるっと一周

境内図

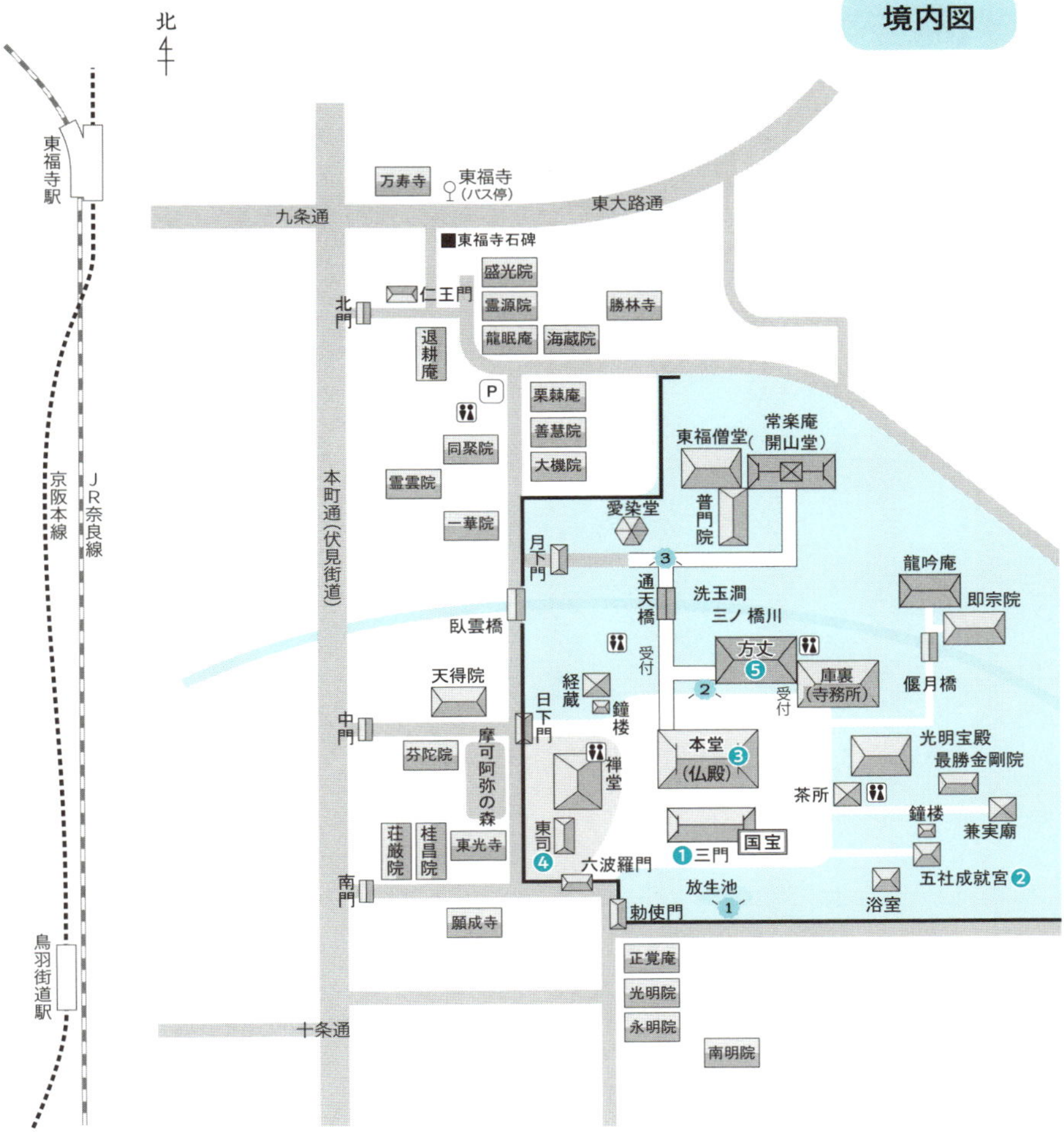
北
東福寺駅
京阪本線
JR奈良線
鳥羽街道駅
万寿寺
東福寺（バス停）
九条通
東大路通
東福寺石碑
盛光院
霊源院
勝林寺
龍眠庵
海蔵院
北門
仁王門
退耕庵
P
栗棘庵
善慧院
大機院
同聚院
霊雲院
一華院
本町通（伏見街道）
東福僧堂
常楽庵（開山堂）
普門院
愛染堂
月下門
通天橋
洗玉澗
三ノ橋川
龍吟庵
即宗院
臥雲橋
受付
方丈
庫裏（寺務所）
偃月橋
天得院
経蔵
鐘楼
日下門
中門
摩可阿弥の森
芬陀院
禅堂
本堂（仏殿）
光明宝殿
最勝金剛院
茶所
鐘楼
兼実廟
東司
三門
国宝
荘厳院
桂昌院
東光寺
六波羅門
五社成就宮
放生池
浴室
南門
勅使門
願成寺
正覚庵
光明院
永明院
南明院
十条通

にしほんがんじ
西本願寺

世界遺産

point

日本人の
最も一般的な
浄土真宗の寺
日本人の信仰が
体感できる
世界遺産

西本願寺って何？

13世紀末に浄土真宗の祖である親鸞《しんらん》の娘が造営した祖廟を起源に持つ、民衆のための寺です。

平安時代末期から鎌倉時代にかけて、朝廷や貴族内における後継者争い、旧仏教勢力の世俗化と堕落、武家という新興勢力の台頭、末法思想などが重なり、世の中は混沌としていました。そういう不安定な世の中で最も苦難に耐えていた一般大衆に救済の手を差し伸べたのが親鸞（1173〜1262年）でした。親鸞は旧仏教と一線を画し、阿弥陀《あみだ》一神教による仏教を提唱しました。密教系寺院や禅宗寺院と異なり、阿弥陀以外の如来や菩薩などを同時に崇拝することもなく、神道とも習合しませんでした。

しかし浄土で永遠の命を得て、輪廻転生《りんねてんしょう》しないという点は、神道的な死生観とも近く、現在では阿弥陀信仰というよりも、先祖崇拝を基本とする日本的信仰心を代表する宗派となっているといえます。

西本願寺の ＼ここがすごい！／

日本人の信仰の姿が見える

西本願寺では、御影堂《ごえいどう》や阿弥陀堂で僧侶の読経が聞けたり、法要のために訪れている門徒さんたちを見かけたりすることも多々あります。実際の宗教行為を通して日本人の信仰心を説明することができる、数少ないスポットです。

密教寺院や禅寺との対比ができる

宗派の異なる寺と比較すると、構造の違いを発見することができます（詳しくは108頁）。

単独の部屋としては最大級の畳の部屋

民衆に根ざした宗派なので、人が集うキリスト教の教会の身廊に当たる部分があり、阿弥陀堂は492畳、御影堂は734畳の畳敷きの部屋です。

大名クラスの格式を誇る

貴人が訪問した際に通すための書院があります。庶民救済のために設立された宗派ですが、政治力をつけ、江戸時代には門跡《もんぜき》寺院（皇子・貴族などの住する特定寺院）の一つになりました。

西本願寺の書院は時の将軍までもが訪れた建物です。特別公開の時や申し込みによって見学できることがあります。

他の場所の大広間と比較すると、西本願寺対面所（鴻の間）が203畳であるのに対し、江戸城大広間が304・5畳（現存せず）、大阪城大広間が246畳（現存せず）、二条城二の丸御殿大広間が188・5畳と、西本願寺の書院は二条城の二の丸御殿大広間より14・5畳も大きいのです。

こんな人におすすめ

観光寺院には見られない「生きた」宗教施設に触れたい人

前述したように、民衆の阿弥陀信仰を出発点であり、現在も一般門徒が日本全国から法要のため訪れます。法要が行われていると読経はもちろんですが、管弦の演奏も聞けることがあります。

お堂内部の撮影をしたい人

法要が行われている時以外はお堂の内部を撮影させてもらえます。宗教施設の内陣の撮影を禁止するところが多い中で貴重な寺院です。

ガイドポイント

密教系寺院、禅宗寺院との視覚的違い

西本願寺を訪れる前後に密教系寺院や禅寺を訪れると、視覚的相違点がはっきりする上、歴史的背景などもよりわかりやすく説明することができます。

例えば、親鸞が誕生した時にはすでに、三十三間堂(1164年建立。千体の千手観音を安置する)は存在していました。貴族寺院の頂点ともいうべき三十三間堂は、莫大な費用を費やして建立されました。「末法の苦から逃れて浄土に行くには、大量の仏像をつくるしかない」という貴族たちの思いがうかがえます。

しかし、このような思想では一般庶民は救われません。親鸞は短いフレーズをひたすら唱え続けることで浄土に行けると説きました。「南無阿弥陀仏《なむあみだぶつ》」、阿弥陀仏への感謝の言葉です。三十三間堂は、後白河法皇だけのための寺院で、他者は入れません。たいていの密教系寺院は貴人の個人的宗教施設ですから、大勢の人間が集まる場所などありません。

一方、大衆の救済のために発足した浄土真宗は、キリスト教の教会のように民衆が集う場所があります。禅寺は貴族や武家の帰依をもとに発展し、修行をする場として修道院的な面がある一方、やはり大衆が集う場所はありません。

また、神道と習合した密教系寺院では、現世利益を求めるのでお守りやお札《ふだ》、絵馬、おみくじなどを販売しますが、浄土真宗では一切販売されていません。仏像に関しては、親鸞像と阿弥陀像しかないのが特徴です。阿弥陀一神教なので、三尊像もありません。さらに救済の意思を示すため、阿弥陀像は立像の形(すぐに助けに行けるように立っている)で表現されています。

密教は神道と深い関係があったため、密教系寺院では、寺院の境内に神社がある(例：清水寺における地主神社、仁和寺の九所明神など)ことが多いですが、浄土真宗・西本願寺にはありません。

仏壇❶

日本人の信仰の基本となるものです。

大多数の日本人にとって、基本的な宗教行為は先祖供養・先祖崇拝です。実はその行為を行うための場所や道具を見せる機会が、有名観光寺院ではまずありません。

西本願寺の総合案内所内には仏壇が設けられています。宗旨からすれば、仏壇は阿弥陀像を安置しこれを拝む場所という解釈ですが、仏壇がある家庭では位牌を安置し、毎日水やご飯を供えたりお線香をあげたりして故人をしのぶ場所になっています。これは神道の考え方ですが、人は死後に霊となり、生まれた場所の近くで祖先の霊とともに祖先神となり、子孫を見守るために漂っているといいます。

浄土真宗では、阿弥陀如来の本願力（民衆を救済しようとする誓いの力）により、その功徳《くどく》（善行による恵み）が人々の利益になって返ってくるというのが教義です。したがって元来、追善供養つまり死者の冥福を祈るために行う読経などの法要を行うことはありませんでした。また、亡き人は阿弥陀如来の本願力にあう縁となった「諸仏」として敬います。そのため、礼拝の対象である位牌は存在しませんでした。

しかし昨今では、浄土真宗でも位牌をつくるのが一般化しています。それは日本の土着信仰に基づく祖先神を位牌という崇拝の形にして、阿弥陀仏とともに仏壇に祀るようになったためだと考えられます。

今や一般人には浄土真宗といえば「先祖供養」のイメージがあります。ここで見られる仏壇は一般家庭の物より大型で荘厳、阿弥陀像も立派です。一般家庭の仏壇のサイズについて説明したり、日々のお供え物や供え方など話したりすると外国人観光客に喜ばれます。

阿弥陀堂門と御影堂門❷

建築様式が格式を表現しています。

阿弥陀一神教の浄土真宗では、阿弥陀仏が最も神格化された存在です。浄土真宗の信仰の対象は、浄土真宗の教えを説いた親鸞ではなく、あくまでも阿弥陀仏なので、阿弥陀堂への入り口である阿弥陀堂門（イラスト上）は最も格式の高い門である檜皮葺の唐門です。

一方、親鸞を祀る御影堂への入り口である御影堂門は檜皮より格下の瓦葺の屋根になっています。外国人観光客に、二条城に行く前にこの説明（門と建物の関係）をしておくと、二の丸御殿前の唐門の意味するものや、二の丸御殿の重要性もすぐに理解してもらえます。

阿弥陀堂❸

西本願寺で最も重要な建物です。

本願寺の本堂で、阿弥陀如来像を安置しています。総畳数４９２枚。人が集うことのできる外陣《げじん》には２８５枚の畳が敷かれ、約８００人が一堂に会することができます。

御影堂❹

親鸞を祀る建物です。

畳の部屋としては日本最大級（東本願寺の御影堂がこれより少し大きい）。総畳数は７３４枚（３６７坪、テニスコート４・６面分）。外陣は４４１枚の畳が敷かれ、1200名が一度に参拝できます。御影堂の広さは堂の南東の端に立ってみるとよくわかります。法要が行われていなければ撮影可能です。

ここで、「あの白いものは何?」と外壁の漆喰のことをよく聞かれます。漆喰は日本独特の塗壁材料で、消石灰(生石灰=酸化カルシウムに加水してつくる)に苦汁、ふのりなどを加え糸屑・粘土などを配合して練ったもので、防水と防火に効果があります。化学的に表現すると、主成分は炭酸カルシウムと水酸化カルシウムになります。

内陣の仏具彫刻は金箔で覆われていますので、金箔の話題もよく出ます。見かけ上は金属にしか見えない荘厳は実は木材であること、漆を塗ったうえに金箔が張り付けてある構造を説明します。

仏教伝来当時、仏像は青銅に金メッキを施した金銅仏でしたが、金メッキをする際に使用する水銀の毒性に気づいてからは、金箔張りが主流になりました。ちなみに東大寺の大仏像を最初に建立した際に使用した水銀総量2・5tは830万人分の致死量に相当するものでした。

阿弥陀堂と御影堂は廊下で結ばれているのですが、阿弥陀仏が親鸞より格上なので、阿弥陀堂から御影堂へは廊下が緩やかにくだっています。

唐門 5

彫刻の豪華さと緻密さが際立つ国宝の唐門です。

京都御所の建礼門を思わせるような檜皮の屋根。この唐門は枯淡の書院の東塀にあって、数々の色彩を放ち存在感を示しています。

平安貴族の邸宅に豪奢な桃山文化が舞い降りたかのような唐門は豊臣秀吉の伏見城の遺構といわれ、眺めていると日の暮れるのも忘れるくらいなので、「日暮門《ひぐらしのもん》」とも呼ばれています。

銀杏《いちょう》 6

11月中旬から下旬にかけて、境内の巨大な銀杏が黄色に輝きます。

最大の銀杏は樹齢約400年、空に向かって枝が根を張るように横に伸びているので「さかさ銀杏」と呼ばれています。

高さ約12mに対して、横に伸びた枝の端から端までの横幅が約28mもあります。もともと水分を多く含む銀杏ですが、火災の際に、この銀杏から水が噴き出し、火を消し止めたという伝説があり、「水噴き銀杏」とも呼ばれます。

太鼓楼 ❼

太鼓を設置するための建物です。

西本願寺の東北門、鬼門の位置に袴腰《はかまごし》(下層の末広がりになった部分)を付けた建造物があります。東アジア文化圏(漢字文化圏)に見られる設備で、太鼓を鳴らすことで時報や法要の開始、緊急事態の発生を伝達しました。西洋のベル・タワー、イスラムのミナレット(イスラム教の宗教施設に付随する塔)と比較して説明すると興味を示してもらえます。

1 堀川通りから見た阿弥陀堂門を撮影

2 書院の大玄関前から唐門（日暮門）をバックに

3 鐘楼前から御影堂と阿弥陀堂を撮影

あわせて行きたい

周辺スポット

七条通りに近いロケーションは、京都市内では中心地より南寄りです。西本願寺よりさらに南にある伏見稲荷大社や東寺をツアーコースに入れるのもいいですし、市バスでは西本願寺と同じ堀川通りにある二条城、さらに北上して北大路堀川まで行けば大徳寺にも行けます。

DATA

西本願寺

堀川通花屋町下ル
本願寺門前町
☎ 075-371-5181

料金：
境内自由

所要時間の目安：
◎約20分
⇒ぐるっと一周
◎約40分
⇒予約不要のお坊さんによるガイドツアーに参加

境内図

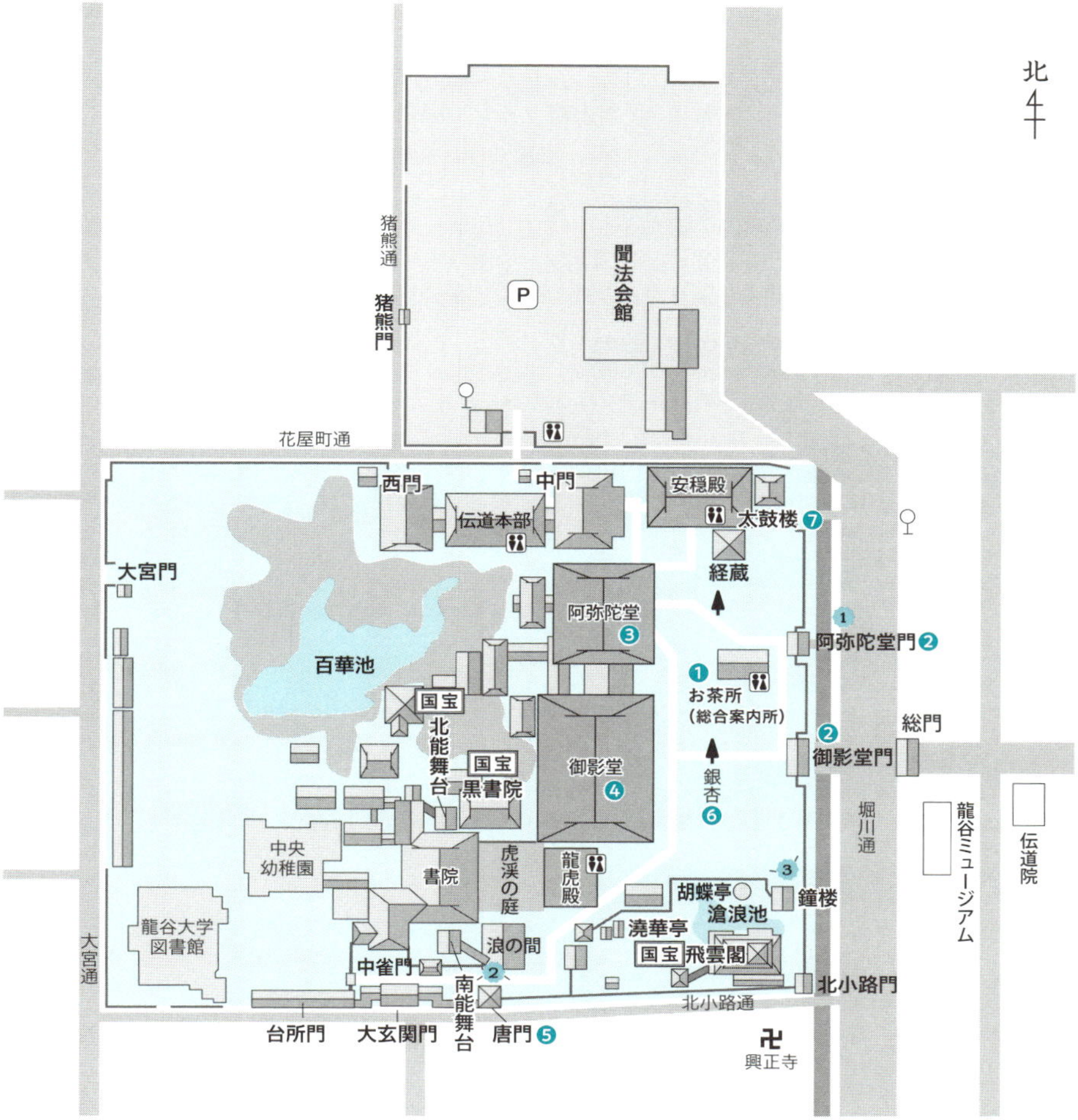
北
猪熊通
猪熊門
P
聞法会館
花屋町通
西門
中門
安穏殿
伝道本部
太鼓楼 7
経蔵
大宮門
阿弥陀堂 3
1
阿弥陀堂門 2
百華池
1 お茶所 (総合案内所)
国宝 北能舞台
国宝 黒書院
御影堂 4
2
御影堂門
総門
銀杏 6
堀川通
龍谷ミュージアム
伝道院
中央幼稚園
書院
虎渓の庭
龍虎殿
3
胡蝶亭
鐘楼
滄浪池
龍谷大学図書館
澆華亭
浪の間
国宝 飛雲閣
大宮通
中雀門
2
北小路門
南能舞台
北小路通
台所門
大玄関門
唐門 5
興正寺

コラム③

おすすめモデルコース

34頁のコラム②で述べた「テーマ別」で、
おすすめのコースを実例で紹介します。
※以下は全て8時間コースです。

京都の歴史を知るコース

東寺 ⇨ 西本願寺 ⇨ 二条城 ⇨ ランチ ⇨ 金閣寺 ⇨ 平安神宮 ⇨ 清水寺

人気スポットをめぐるコース

Aコース　伏見稲荷大社 ⇨ 二条城 ⇨ 金閣寺 ⇨ ランチ ⇨ 京都御所 ⇨ 平安神宮 ⇨ 清水寺

Bコース　二条城 ⇨ 嵐山（渡月橋・天竜寺・竹林）⇨ 金閣寺 ⇨ ランチ

Cコース　伏見稲荷大社 ⇨ 東福寺 ⇨ 西本願寺 ⇨ 二条城 ⇨ ランチ ⇨ 南禅寺
⇨ 祇園東（八坂神社・ねねの道）⇨ 祇園（新橋・花見小路）

京都らしい古い街並みを含むコース

北野天満宮・上七軒 ⇨ 嵐山（竹林）⇨ 鳥居本 ⇨ 大覚寺 ⇨ ランチ
⇨ 二条城 ⇨ 知恩院～円山公園～ねねの道～石塀小路～八坂の塔界隈（～は散策）

仏教宗派間の違いと神道を知るコース

伏見稲荷大社 ⇨ 東寺 ⇨ 西本願寺 ⇨ ランチ ⇨ 三十三間堂 ⇨ 南禅寺 ⇨ 清水寺

庭園を楽しむコース

二条城 ⇨ 天龍寺 ⇨ 仁和寺 ⇨ ランチ ⇨ 金閣寺 ⇨ 平安神宮 ⇨ 天授庵 ⇨ 建仁寺

日本家屋・建築を見るコース

西本願寺 ⇨ 二条城 ⇨ 仁和寺 ⇨ ランチ ⇨ 拾翠亭 ⇨ 南禅寺 ⇨ 建仁寺

お花見（桜）のコース

将軍塚 ⇨ 川端通 ⇨ 哲学の道 ⇨ ランチ ⇨ 平安神宮 ⇨ 疎水 ⇨ 清水寺

紅葉（新緑）狩りのコース

嵐山 ⇨ 大覚寺 ⇨ 大徳寺（高桐院）⇨ ランチ ⇨ 哲学の道 ⇨ 南禅寺 ⇨ 東福寺

静寂を楽しむコース（桜・紅葉期は除く）

将軍塚 ⇨ 東福寺 ⇨ 拾翠亭 ⇨ ランチ ⇨ 大覚寺 ⇨ 仁和寺 ⇨ 下鴨神社

ショッピング中心/雨の日向きのコース

三十三間堂 ⇨ 建仁寺 ⇨ 花見小路 ⇨ 四条河原町（デパ地下）⇨ ランチ
⇨ 新京極 ⇨ 寺町 ⇨ 錦市場

インスタ映えするスポットのコース

伏見稲荷大社 ⇨ 東寺 ⇨ 二条城 ⇨ ランチ ⇨ 金閣寺 ⇨ 平安神宮 ⇨ 祇園東界隈

第4章

とっておき！
プロガイドの
おすすめスポット

第４章では、現役の通訳ガイドの私がおすすめする、
「絶対に外国人に喜ばれる」スポットを紹介します。
静かな雰囲気を楽しみたい方、
腰を据えて日本の知識を深めたい方など、
お客様の要望にあわせてご案内してみてください。

仁和寺《にんなじ》

世界遺産

point
「ミニチュア平安京」で9〜10世紀頃の京都を擬似体験
ヴィジュアル、歴史的意義、アクセス◎の世界遺産

仁和寺って何？

9世紀の終わり頃に、当時の天皇（宇多天皇）によって建てられた寺です。

寺といっても、宗教施設というよりは天皇の住居としての機能がメインでした。天皇に招待された客や僧侶といった貴人のための寺で、一般の民衆が入って宗教行為をするといったことはありませんでした。

当時は、「藤原氏」という勢力が、天皇家と親戚関係を結ぶことで政治的に台頭しはじめた時代。この寺を建てた天皇も、藤原氏に政治の実権を奪われ、失意のうちにありました。父のかねてからの遺志をつぎ、仁和寺を造営した天皇でしたが、この小さな平安京を独占することで、心の慰めとしていたのかもしれません。

仁和寺の
＼ここがすごい！／

ミニチュア平安京

仁和寺の境内は、平安京に非常によく似た左右対称の構図で、京都にこのような寺は他にはありません。例えば、二王門が羅城門、そこからまっすぐにのびる道が朱雀《すざく》大路、その先の金堂が紫宸殿《ししんでん》（御所）という具合。「9〜10世紀の京都の街にタイムスリップできますよ」とご案内すれば、おのずと期待値も高まるでしょう。

仏教と神道の関係が見える

境内に神道の建造物があり、縁起が悪いとされる方角（鬼門《きもん》）に配置されていて、寺を守っています。ここから、日本における神道と仏教の関係が読み取れます（118頁参照）。

天皇の住んだ部屋にあがれる

現在の宸殿は宇多天皇が居住したものではありませんが、当時の天皇や貴族の住居の様式に近いデザインがなされています。その内部を実際に見学できるのが仁和寺なのです。

格式の高さを示すエピソード

第二次世界大戦後、もしアメリカ合衆国が昭和天皇の戦争責任を取らせるような事態になれば、日本政府は天皇に落飾してもらい仁和寺の住職に就いていただく準備をしていました。

政治的に中立な立場を表明する手立てでしたが、仁和寺が天皇をお迎えする最高位の寺院であったことを物語る逸話です。

こんな人におすすめ

写真を撮りたい・SNSに投稿したい人

霊宝館、お堂の内部以外の場所を除き、写真撮影が許可されています（非営利目的に限る）。御殿のなかも撮影ができます。

静かな雰囲気で、景色を楽しみたい人

桜シーズンを除けば、比較的観光客も少なく、静かな雰囲気の中で山々に囲まれた美しい建造物を見ることができます。

ガイドポイント

二王門 ❶

境内正面に立つ巨大な二重門。寺のメインゲートです。

門の中には、仏法を守る仏像が置かれています。これも貴人たちの信仰した宗教（密教系）に特徴的な建造物です。

それぞれの二王を囲む柵は、各16本あります。「16」という数字は忌み数の4の二乗で縁起が悪いとされた数字ですが、ここでは邪悪なものを寄せつけないための一つのまじないとして使われています。

五重塔 ❷

仏教の祖である釈迦の遺骨などを納めた塔です。

中に入るための建物ではなく、外から拝むことが想定されています。こうした塔は、天皇や貴族などが信仰した宗教（密教系）の寺にのみ見られます。

驚くべきなのは、この五重塔は中心を一本の柱（心柱）で貫かれているだけで、それぞれの層同士は固定されていないということです。日本は地震が多い国ですから、こうすることでそれぞれの層が逆方向にくねくねと回転し、地震に耐えられるようにしているのです。五重塔の建築は、高い技術力とコストが必要とされます。

九所明神《くしょみょうじん》 ❸

仁和寺を守護する、神道の建物です。

また、この九所明神は、縁起の悪いとされる方角（鬼門）に、仁和寺の最も重要な建築物である御殿を守るようにし

て建っています。これは仏教が主役で、神道が脇役であった仏教と神道の関係をよく表しています。

鐘楼④

時を告げるための鐘がつるされた建築物です。

仁和寺の鐘楼の特徴は、中の鐘が完全に覆われ、外から鐘が見えないという点です。構造物を支えている柱も袴腰という様式で覆われています。日光東照宮《にっこうとうしょうぐう》の陽明門前の鐘楼など、重要性が高い鐘楼によく使われる様式です。

いけばな

いけばなは、日本独自の伝統的な挿花の技法です。

仁和寺を建てた天皇を祖とするいけばなの流派（御室流《おむろ》）があり、仁和寺の御殿入り口などにいけば

9C後、光孝天皇が勅願寺（後の仁和寺）を着工
父上!!!
あとはたのむ～
宇多天皇
光孝天皇
しかし、翌年には死亡してしまいます
後をついで即位した宇多天皇でしたが…
藤原基経
そんな役職イヤです～ストライキします～!!
べ～
えっ…
貴族の藤原氏の勢力が強すぎて政治ができない…
しょんぼり…
天皇って一体…
父の遺志をひきつぎ寺を完成させた宇多天皇は、出家してしまったのでした
ここは誰にもじゃまされない私だけのみやこ…

な作品が飾られたり、運が良ければ華道展が開かれていたりします。

仏教では仏へのお供えとして花が生けられるようになり、それが現在のいけばなの源流となりました。

御殿 ❺

天皇が住んだり、客を招いたりした建物です。


廊下が折れ曲がり、ぐるぐると歩き回るような構造になっており、見えない北庭への期待感を高める構造になっています。

白書院は招かれた客がまず通される控え室のような部屋ですが、ここからは南庭の景色を楽しむことができ、二王門も見えます。

その先の廊下を曲がると、目の前に北庭が広がります。庭を通して見る五重塔も素晴らしい景色です。

1 非常に大きな二王門は、嵐電「御室仁和寺」駅から撮影
2 中門の石段から二王門を撮影
3 御殿北庭から見る五重塔を撮影

あわせて行きたい
周辺スポット

嵐電《らんでん》では龍安寺《りょうあんじ》、等持院《とうじいん》にもアクセスが良く、金閣寺にも市バスで行けます。ハイキングや自然を好む人には御室八十八か所巡りもおすすめです。嵐山を中心とした西部にも、二条城などの中心部にも便利な立地にあります。

DATA

仁和寺
京都市右京区
御室大内33
☎ 075-461-1155

料金：
御殿　大人500円
霊宝館（期間限定）
大人500円
伽藍特別入山
大人500円

所要時間の目安：
◎約40分
⇒さらりと一周
◎約1時間
⇒境内をゆっくり散策

境内図

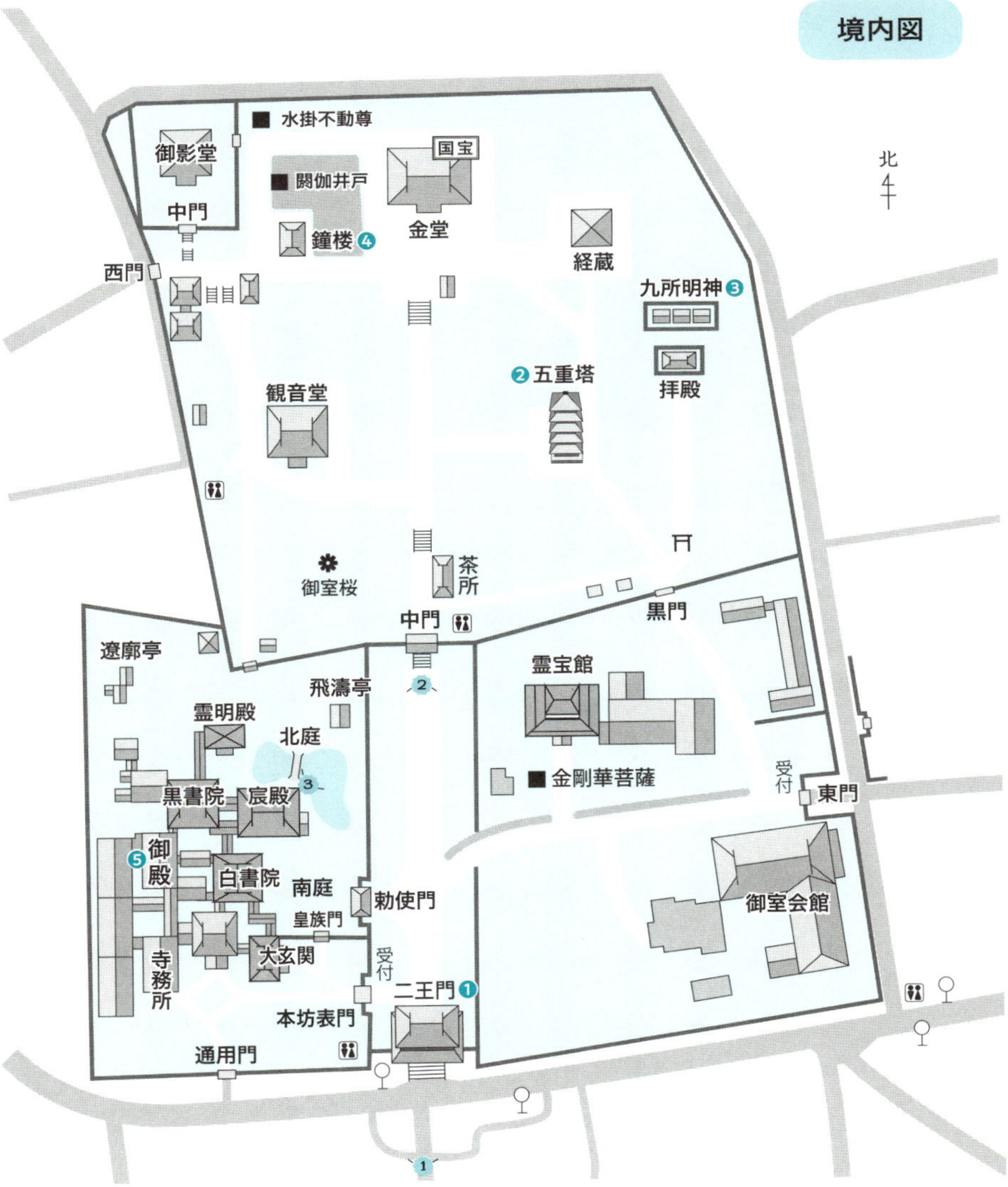
北
水掛不動尊
御影堂
国宝
閼伽井戸
金堂
中門
鐘楼 4
経蔵
西門
九所明神 3
2 五重塔
拝殿
観音堂
御室桜
茶所
中門
黒門
遼廓亭
飛濤亭
霊宝館
霊明殿
北庭
受付
金剛華菩薩
黒書院
宸殿
東門
御殿 5
白書院
南庭
勅使門
皇族門
御室会館
寺務所
大玄関
受付
二王門 1
本坊表門
通用門

建仁寺《けんにんじ》

point

日本で最古の禅宗寺院
繁華な立地条件にありながら
別世界のような静寂な境内

建仁寺って何？

13世紀の初めに、日本臨済宗の開祖である栄西《えいさい》によって建てられた、日本で初めての禅寺です。

現実主義者の武家のニーズに初めて応えた仏教寺院です。

建仁寺が建立された１２０２年当時は、摂関政治（摂政、関白が天皇を代理、補佐する）で繁栄してきた藤原家と、それに対抗して院政（上皇、法皇が国政を行う）を行った天皇家が両者とも政治権力として破綻し、武家が出現するという混沌とした時代でした。

宗教界も俗化が進み、支配者層も民衆も寄りどころを失っていました。民衆が法然《ほうねん》や親鸞が唱える浄土思想を頼みとした一方、現実主義者の武家は現実の問題解決にアドバイスできる人材を求めていました。その人物こそが、建仁寺開山の栄西だったのです。

遣唐使廃止以来、僧侶を通じての先進文明導入が滞っていました。栄西は僧侶として97年ぶりに中国に渡り、持ち帰った先進知識、経営手腕（土木工事に精通）で支配者の帰依《きえ》を受けました。

建仁寺の＼ここがすごい！／

元号が使われている仏教寺院

日本史上、寺名に元号が冠されたものは19か寺（現存は11か寺）しかありません。朝廷の権威や対抗勢力との兼ね合いもありますが、元号を寺名にできたことは、栄西や北条家の実力を示すものといえます。

参道が花見小路

建仁寺の中から北門を一歩出ると別世界。祇園甲部という京都五花街《かがい》の一つのメインストリート、花見小路に出ます。東京の表参道、原宿と明治神宮も隣接した地域にありますが、ここでは花見小路そのものが建仁寺への参道であるかのように接しています。夜ともなれば花街の雰囲気に酔いしれて歩く観光客の波。それにもかかわらず、境内、特に方丈内部は外部の喧騒をよそに静寂な空気に包まれています。

方丈敷地内の茶室が見える

茶室「東陽坊《とうようぼう》」が方丈の北側にあります。北野天満宮境内において豊臣秀吉が主催した大規模な茶会（北野大茶会）に使われたものが移築されたものといわれています。

周りに溶け込むように建てられていて、静かな境内の中でも最も閑寂な風趣を醸し出しています。

現代に生きる作庭の巨匠による庭

方丈の潮音庭《ちょうおんてい》（2006年完成）は小堀泰巌老大師の作庭、現代の庭師、北村安夫氏の監修になるもので、枯淡、幽邃の一級品です。紅葉が苔むした庭園を囲むように植えられており、初夏や秋の訪問にぴったりです。

そのほか、建仁寺では、大雄苑《だいおうえん》、○△□乃庭などの庭園が一度に楽しめます。

（こんな人におすすめ）

立派な伽藍を短時間で見たい人

外観を見る三門、内部を拝観する方丈と法堂《はっとう》がコンパクトな位置にあり、しかもヴィジュアル的にすべてが素晴らしく、まったく無駄な時間がありません。

ショッピングを中心に楽しみたいが、有名寺院も訪れておきたい人

建仁寺は祇園甲部の真ん中にあり、四条河原町などの中心エリアにも徒歩で行けます。

ガイドポイント

三門　望闕楼《ぼうけつろう》 ❶

建仁寺の顔ともいうべき三門。

その小ぶりな姿に歴史の悲哀が現れています。京都五山の3位に数えられている名刹《めいさつ》であることを踏まえると、少し控えめな印象の三門です。

建仁寺は一時豊臣秀吉の影響下にありました。秀吉の参謀を務めた僧（安国寺《あんこくじ》恵瓊《えけい》）が居住していたからです。豊臣家から政権を奪った家康《いえやす》は、京都五山を丸ごと支配下に治めるため、五山の寺院を庇護しましたが、宿敵秀吉色の強い建仁寺は冷遇されます。天下普請で整備された知恩院や南禅寺《なんぜんじ》とは格段の違いがあります。

この三門は建仁寺のために建てられたものではなく1923年に浜松市安寧寺から移築されたものです。「闕」は宮城を意味し、望闕楼は「御所を望む2階建ての建物」という意味になります。

建仁寺には北門から入り方丈に直行することが多いのですが、いったん境内の南まで足を運び、放生池から望闕楼を鑑賞することをおすすめします。方丈池の周りは茶の木が植えてあり、喫茶の習慣をもたらした開山の栄西がしのばれます。

平成の茶苑《ちゃえん》 ❷

栄西の遺徳をしのび、茶の木が植えられています。

栄西が宋から帰朝し茶をもたらした1191年から800年後の1991年、覆下《おいした》茶園（日光をさえぎるためにすだれやむしろで覆いをした茶園）が境内に設けられました。

開山の遺徳をしのぶ行事としては、八十八夜頃（5月3日頃）に摘まれた茶葉を挽いて、命日に当たる6月5日にお供えしています。

禅修行の妨げに「睡眠」「雑念」「坐相（坐禅を行う姿勢）不正」がありますが、そのうちの睡眠を茶のカフェインが抑制することから、禅寺でお茶が栽培されました。

方丈の坐禅会❸

坐禅では呼吸をすることから、感謝を学びます。

建仁寺の坐禅体験は、龍が描かれた方丈東の間、かつては有力者が通された部屋で行われています。坐禅は古代インドのヨガの行法の一部で、ヨガが中国、日本と伝わるうち坐禅だけが定着しました。

坐禅ではまず姿勢を整えます。すると自然な形で呼吸も整います。呼吸が整うと心も落ち着きます。呼吸は最も生命維持にとって大事な行為であるのにもかかわらず、普通は意識されません。その呼吸に意識を集中し、酸素を供給してくれる植物に感謝し、その植物を育ててくれる日光や水に思いを馳せます。人間は他者の助けなしには生きられないことを思い、感謝の気持ちを思い起こすことも坐禅の大切な意義なのです。暁闇の方丈で雨粒が方丈庭園の石をリズムよく打つ中で坐禅すると、あたかも自然と一体になったかのような気分が味わえます。

法堂❹

住持が仏法を説く場所です。

法堂を含め、一直線の伽藍配置に並ぶ建物は中国式の影響を受けていて、靴のまま入ります。法堂の須弥壇《しゅみだん》(仏像等を安置するために一段高く設けられた場所)には、本尊の釈迦如来坐像、脇侍《わきじ》(中心となる仏の左右に控えている像)の迦葉《かしょう》と阿難《あなん》(両者とも釈迦の十大弟子)が祀られています。禅宗では、歴史上実在していた人物をほぼ実物大の像で祀るのが普通です。

密教系では釈迦の脇侍は文殊《もんじゅ》菩薩と普《ふ》賢《げん》菩薩になります。

建仁寺の法堂の天井では、創建８００年の２００２年に描かれた日本画家、小泉淳作《こいずみじゅんさく》の双龍が仏法の雨を降らせています。

ちなみに、龍は一般にdragon（ドラゴン）と英訳されていますが、本来の意味からするとずいぶん違いがあります。西洋でdragonは「悪」や「異教徒」を象徴化したものですが、龍はインド神話で蛇を神格化したもので、仏教においては仏法を守護する存在です。dragonは炎や煙を吐きますが、龍は雨を降らせ豊穣をもたらしたり、仏法を拡散して、教えを広めたりします。フランスのtarasque（タラスク）やイギリスのdragonは退治する対象ですので、日本でいえばヤマタノオロチに近い存在です。

大雄苑《だいおうえん》 ❺

方丈にある、緑豊かな石庭です。

松と緑苔の緑色と白砂の白のバランスが良く、南に位置する向唐門《むかいからもん》とも相まって、優雅さと風格のある石庭になっています。縁側に座って、静かに楽しむことができます。

方丈の唐子遊戯図《からこゆうぎず》と「美意延年《びいえんねん》」の書 ❻

心を癒す書画です。

禅寺に限らず、寺院の襖に丸々としたふくよかな子供たちが遊んでいる姿が描かれているのをよく見かけます。平和で子供たちが無邪気に遊べる世を祈念する思いが込められています。

建仁寺では、唐子遊戯図が描かれた部屋に「美意延年」の額が掛かっています。楽しい心を持てば長生きできるという意味です。中国の思想家、荀子《じゅんし》の言葉で、幕末、明治の幕臣で政治家の勝海舟《かつかいしゅう》（１８２３～９９年）が好んで使いました。

潮音庭《ちょうおんてい》 ❼

時の移ろいに身を任せた、「ヘーゲルの庭」です。

京都学派の創始者である哲学者、西田幾多郎《にしだきたろう》は、自己の哲学を説明するのにヘーゲルのドイツ観念論を利用しました。ヘーゲルは「リンゴの種は木であり花であり実でもある」と説きました。時間の軸を考慮すれば、種も次の瞬間には何兆分の何パーセントかはすでに木になっているというのです。つまり、世の中に一定不変の物はないことを説いています。西田が説明しようとした禅の本質も「空」（一定不変の物などない）です。禅は万物が「空」であるから「無我」（無執着）になれと教えています。

　龍安寺の石庭が石と砂という普遍性を象徴しているとするなら、潮音庭には常緑樹はヤブツバキ一本しかなく、他に植えられている落葉樹は冬には枯れてしまうので、意図的に世のはかなさを象徴しているようです。龍安寺が時を止めた庭とすれば、潮音庭は時の移ろいに身を任せた「ヘーゲルの庭」と表現できるのではないでしょうか。

方丈の羅漢像 8

16人の釈迦の高弟（十六羅漢）の像です。

木や石で制作されることの多い羅漢像がここでは陶器製です。清水、五条坂に居住する京焼の名工らによって奉納されました。

花見小路界隈

京都屈指の花街（芸舞妓の住む「置屋」と、接客が行われる「お茶屋」があるところ）です。

日本の伝統的舞台芸能をコンパクトに楽しめるギオンコーナーがあります。出演者はダイジェスト版とはいえ、熱演を見せてくれます。花見小路は祇園甲部という花街のメインストリート。華やいだ雰囲気で訪問者を魅了します。

メインストリートから一本裏の路地に入ると一段と趣があり、西洋化以前の日本がまだ残っています。この界隈は、かつては建仁寺の所領でした。建仁寺は明治維新によって面積が約十分の三に削られたのです。

建仁寺で外国人から受けた質問

建仁寺でお茶の話をすると、「日本人はなぜ茶を飲むのか?」と、当たり前すぎて考えない質問を受けます。こんな質問にも論理性を持って答えると納得してもらえます。論理性とは、科学的根拠と言い換えてもいいでしょう。喫茶の効用は、口臭を防ぐ、虫歯菌・腸内悪玉菌の増殖を抑制するなどがあります。茶は煮出して飲むことも多いので、水の殺菌にもなるという回答も論理的ではないでしょうか。

BEST PHOTO SPOT!

1. 放生池から望闕楼を撮影
2. 大雄苑を様々な位置から撮影
3. 花見小路周辺では、一本裏に入った路地で風情を楽しみながら

あわせて行きたい 周辺スポット

建仁寺を起点とするなら、花見小路を隅々まで散策した後、四条通を越えて北に進めば、巽《たつみ》橋で有名な新橋界隈へ。東に進めば八坂《やさか》神社、さらに南下すれば高台寺や清水寺も徒歩で行けます。市バスや京阪、阪急の駅まで徒歩で行けますので、京都各地に足を延ばすことができます。

DATA

建仁寺

京都市東山区
大和大路通四条下ル
小松町
☎075-561-6363

料金：
大人500円

所要時間の目安：
◎約40分
⇒方丈、法堂をさらりと拝観
◎約1時間
⇒境内をじっくり散策

境内図

北
至四条通 大和大路通
花見小路通
正伝永源院
「東陽坊」
茶室
安国寺恵瓊首塚
潮音庭 7
8
○△□乃庭
清涼軒
6
興雲庵
大中院
安井通
3
方丈
本坊
2
公園
受付
大雄苑 5
総門
鐘楼（陀羅尼の鐘）
西来院
堆雲軒
法堂
4
毘沙門天堂
両足院
桑の碑
久昌院
平成の茶苑 2
三門
茶碑
霊洞院（建仁僧堂）
1
1
大統院
開山堂
宝陀閣
放生池
禅居庵
浴室
霊源院
道元禅師修行の遺蹟
勅使門
八坂通

拾翠亭《しゅうすいてい》

point
九条家ゆかりの茶亭
広間に面した九條池を眺め
舟遊び気分を味わう

拾翠亭
って何？

19世紀初頭（江戸後期）頃に建てられた、九条家の茶室です。

拾翠亭は、京都御苑の南西角にある閑《かん》院宮《いんのみや》家跡の東に位置しています。当時の五摂家（摂政・関白の資格を持った五つの家柄）の一つであった九条家の別邸で、茶会や歌会など貴族の文化サロンとして幕末まで利用されていました。

九条家など約２００家の公家のほとんどが明治維新で京都を離れ東京に移り住みました。拾翠亭は、今や京都御苑という旧公家邸地区で往時をしのばせる、唯一といっていいほどの貴重な文化財となっています。

拝観できるのが木・金・土曜日の週に3日という少なさゆえ認知度が低いのか、訪問者が少なく、快適極まりない静寂の時を過ごすことができます。

拾翠亭のここがすごい！

現存する江戸時代の茶会用の別邸

茶庭のみならず本格的な池や太鼓橋まで備えた贅沢な庭園を見ることができます。

邸内に神社がある

敷地内の茶屋から鬼門《きもん》の位置（東北の隅）に厳島《いつくしま》神社があります。

平安時代末期の武将、平《たいらの》清盛《きよもり》（1118～81年）が、母（祇園女御）のため安芸《あき》（広島）の厳島神社を勧請《かんじょう》（神仏の分霊を他の地に移して祀ること）したのを起源としています。唐《から》破風《はふ》のようなデザインの鳥居があり、九条家を守護しています。神道や鬼門について説明することができます。

京都御所参観にも便利

御苑内を御所まで散策しながら行き、参観するのもおすすめです。

寝殿造り、書院造り、数寄屋造りの共演

規則正しく規格化された寝殿造り、書院造りから、ジャズのアドリブのような数寄屋造りまで、様々な意匠を堪能することができます。

九條池に面して広縁が設けられ、中の島を浮かべた池が母屋に面しており、まるで寝殿造りのような趣を残しています。

2階の広間の内部は、基本的には書院造りの形をとりながらも、床柱に皮付き丸太を使い、天井は竿縁《さおぶち》天井（板張りを竿のように細長い木で押さえる様式）で数寄屋風のカジュアルさも見せています。平安時代の貴族邸宅である寝殿造り、室町時代の武家の書院造り、そして戦国期に台頭した新たなるオピニオンリーダーである茶人の数寄屋造りが組み合わされ、上質の調和を醸し出しています。

（こんな人におすすめ）

静寂を味わいたい人

大通りからさほど離れていないのにもかかわらず、都会の喧騒からは別世界。目と心が癒されます。

写真を撮りたい、SNSに投稿したい人

邸内で撮影に関する規制はありません。自分にとってのベストロケーションを見つけてください。7月下旬から9月上旬に花が咲くサルスベリはおすすめです。

和風建築を外国人に紹介したい人

前述のように和の建築が渾然とまとまっています。外国人観光客は例外なく感動します。

ガイドポイント

茶庭 ❶

茶室に入るまでの訪問者の期待感を高める空間です。

拾翠亭では、玄関に向かう小道の幅が生垣によって狭められています。直線の道ではあるのですが、突き当りが茶屋の玄関ではなく、もう一度角を曲がらねばならないように設計されています。この手法は紅葉が美しい大徳寺の塔頭、高桐院《こうとういん》の小道と似ています。茶屋から九條池を有する庭に出る時も、竹垣を分け入るように進まねばなりません。竹垣を通ると九條池の半島の一つにたどり着き、池と松などの木々、そして茶屋をまるで一幅の絵画のように見ることができます。

1階の広間、広縁、小間 ❷

建物自体が船。舟遊びをイメージしています。

京都の公家は、京都が海から遠いせいもあり、水のある景色に強いあこがれを持っていました。広縁の真下にまで九條池の水が漂い、あたかも茶屋が水に浮かんでいるように設計されています。広縁の手すりは船の手すりをあらわしているともいえ、貴人は邸宅の中で舟遊びの気分を味わいました。

元禄期以降、秩序礼節を重んじる徳川政権に呼応するかのように、戦国時代には政商と大名の密談の場にもなっていた茶室は、儀礼作法を重んじる文化サロン的施設へと変貌を遂げました。

十畳の広間は複数の客をもてなす現代風の茶室

で、幅一間（1・8m）の床の間があります。

また、三畳と板畳からなる小間（四畳半以下の茶室の意）も見どころです。

初期の茶の湯では、主に豪華に飾られた広間が使われましたが、千利休以降、このような小間が正当的な茶室として認められるようになりました。現代では小間も広間も使用して茶会や茶事が行われますが、広間と比べると小間ではシンプルなわびた雰囲気の点前や道具が用いられることが多いようです。

2階座敷❸

1階広間よりくだけた数寄屋造りの座敷です。

拾翠亭では1階広間も数寄屋風要素を取り入れていますが、2階座敷はさらにカジュアルさを前面に出した意匠の床の間になっています。

床柱には桜の皮付き丸太、落掛《おとしがけ》は弓型に曲がった雑木が使われています。

寝殿造りや書院造りがクラシック音楽とすれば、数寄屋造りはジャズのアドリブ。アールヌーヴォー（「新しい芸術」の意）が起こった時期に、日本でも遊び心のある建物が「粋」とされるようになりました。

高倉橋❹

1882年に竣工した立派な反橋です。

茶屋とその周囲の茶庭を堪能した後は、いったん外に出て南の砂利道を東に進みましょう。

全く何もない小道だと思っていたら、左手に高倉橋の南端の欄干が見え、一気に建礼門へと続く広い路と九條池が眼前に現れます。

高倉橋の東方池辺に築山《つきやま》（庭園などに、石や土を盛ってつくった小山）があります。亀や鯉が遊ぶ中に、時折鷺《さぎ》などの野鳥が飛来します。高倉橋は建礼門に直進するのを避けるように、やや北端で西にカーブをとっています。

ガイディングの ミニアドバイス

拾翠亭へはまず受付で拝観料を支払い、建物内部から見学しましょう。広間を抜け広縁に出て、手すりの前に座ります（座布団が使えます）。建物内から眺める庭園は、「座った高さ」から最も美しく見えるようにデザインされています。物思いにひたれるような時間の流れがあり、必ず喜んでいただけます。

茶邸内を一通り見学したら竹垣をすり抜け、茶庭から池と建物の風景を楽しみます。そのあと高倉橋に出ると、遠くに御所の建礼門が見えます。歩くと結構な距離なのですが、期待感からかお客様は歩くことをいとわずに御所の参観に向かってくださいます。このコースを逆にすると喜ばれませんので気を付けてください。

BEST PHOTO SPOT!

1. 広間の広縁から高倉橋を撮影
2. 厳島神社から茶屋と九条池を撮影
3. 高倉橋から茶屋を撮るも良し、建礼門にレンズを向けるも良し

あわせて行きたい 周辺スポット

拾翠亭は、烏丸丸太町という京都の中心に位置しています。京都御苑内にあり、京都御所は徒歩圏内。西に行くと二条城。東に少し歩けば寺町の商店街。２０２号系統等の市バスで東に向かえば平安神宮、そのままバスで東大路を南下すれば祇園にも行くことができます。

DATA

京都御苑（拾翠亭）
※どちらも公開日要確認

京都市上京区
京都御苑3
☎075-211-6348

料金：
拾翠亭参観料
大人100円
御所参観は無料

所要時間の目安：
◎約30分
⇒拾翠亭のみ
◎約1時間半
⇒御所も参観

御苑図

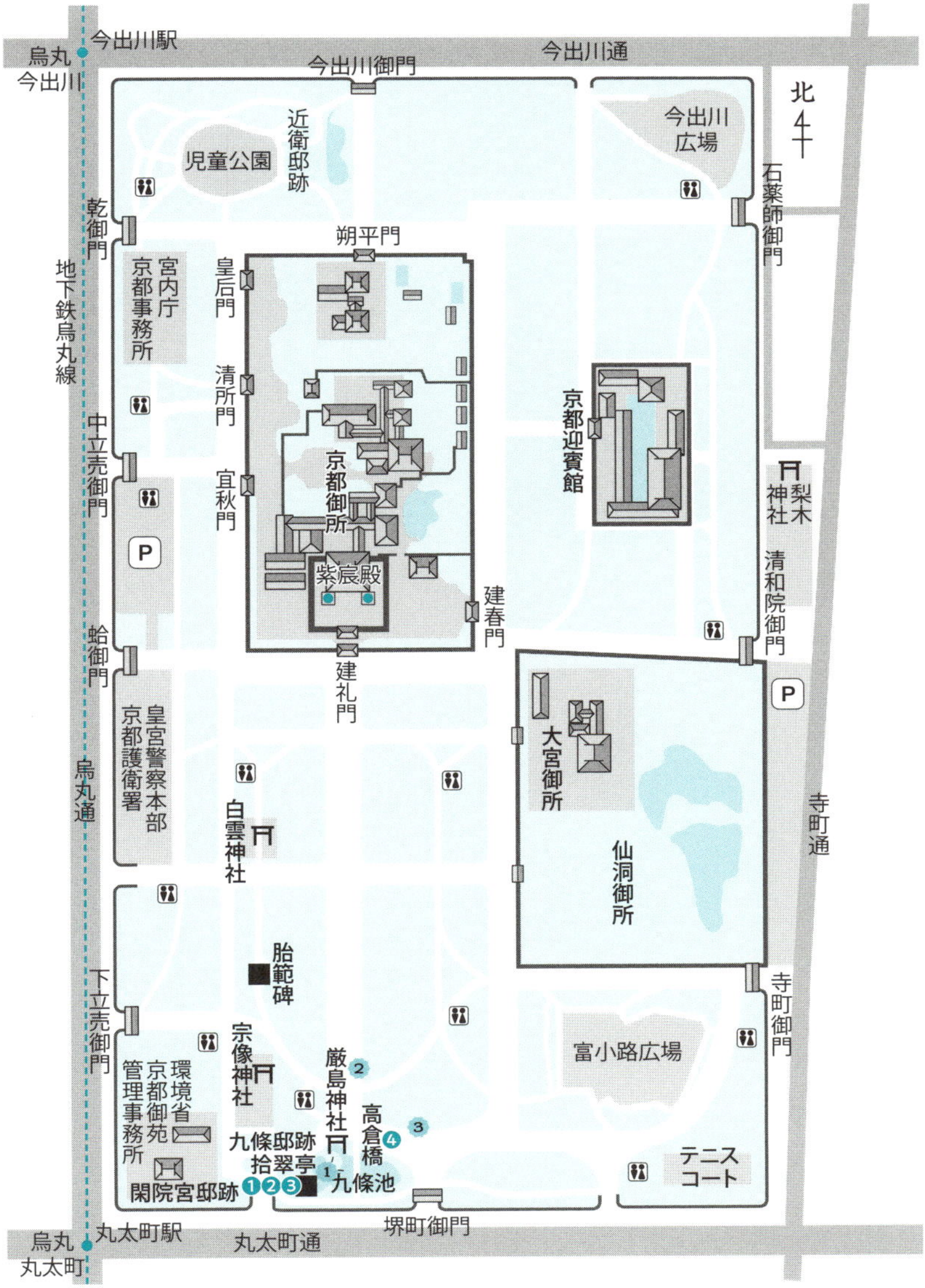
今出川駅
烏丸今出川
今出川通
今出川御門
北
今出川広場
近衛邸跡
児童公園
石薬師御門
乾御門
地下鉄烏丸線
朔平門
皇后門
宮内庁京都事務所
清所門
京都迎賓館
中立売御門
宜秋門
京都御所
梨木神社
P
清和院御門
紫宸殿
建春門
蛤御門
建礼門
P
皇宮警察本部京都護衛署
大宮御所
烏丸通
寺町通
白雲神社
仙洞御所
胎範碑
下立売御門
寺町御門
宗像神社
富小路広場
環境省京都御苑管理事務所
厳島神社
高倉橋
九條邸跡
拾翠亭
九條池
テニスコート
閑院宮邸跡
堺町御門
丸太町駅
烏丸丸太町
丸太町通

大覚寺《だいかくじ》

point

**大陸風の文化と国風文化の
両面を併せ持つ
皇室ゆかりの寺院
御殿と宗教施設が一体化した
プライベートな空間**

大覚寺って何？

9世紀後半に、天皇の離宮から寺院になった寺です。

政争に巻き込まれ、波乱万丈の南北朝時代を経て、江戸前期には公武融和の象徴的存在になりました。

大覚寺の前身は、嵯峨天皇の離宮であり文化サロンでもあった嵯峨院です。８７６年に、僧尼の療養所として寺院の歴史が始まり、８８１年、貴族政治家の菅原《すがわらの》道真《みちざね》の尽力で別当《べっとう》（寺務を統轄する僧官）と年分度者《ねんぶんどしゃ》（試験に合格し得度《とくど》を許される者）が設置され、お堂も整備されました。

その後、１３２１年、後宇多《ごうだ》法皇（在位１２７４～８７年）によって、「この時が大覚寺の創建である」といわれるほど整備されました。しかし政争に巻き込まれ、１３３６年、足利尊氏によって壊滅的打撃を受けました。その後、後水尾天皇の中宮となった東福門院（家康の孫娘）の使った宮殿が大覚寺に下賜されたことで、公武（公家と武家）融和の象徴となり、現在も門跡《もんぜき》寺院の尊厳を失わず平安朝の風格を漂わせています。

大覚寺の ＼ここがすごい！／

貴人のための設計

大覚寺の伽藍はすべて廊下でつながっていて、一度も地に足をつけることなく移動できます。

また、建物に比して大きな池があり、五大堂に付設する広縁が釣殿《つりどの》の役割を果たし、涼を取りながら眺望も楽しめるようになっています。

日本最初の文化サロン

嵯峨院と呼ばれた頃、空海、官吏で書家の橘逸勢《たちばなのはやなり》(?～８４２年)、漢学者で歌人の小野篁《おののたかむら》(８０２～８５２年)などが集いました。

空海は知的でエレガントな書を、嵯峨天皇はそのまま掛け軸になるような遠近感のある書を、橘逸勢は性格通りの豪放磊落《らいらく》な書を特長とし、「三筆」と称されました。

京都にいながら江戸情緒が楽しめる

大覚寺は、大沢池とともに時代劇にはなくてはならないロケ地。建造物や大沢池付近が江戸時代の施設や風情を描写するために使われているので、ここで江戸時代の日本を説明することもできます。

進取《しんしゅ》の気風に富む寺

嵯峨天皇が唐のモダニズムを愛したように、現在の大覚寺にも伝統や格式に縛られず、新しい文化を受容する気風が受け継がれています。

２０１７年10月、「ONE PIECE」の記念イベントを開催。ルフィが戦う様子が、約30ｔの石を使い、巨大な石絵となって大覚寺の約８００㎡の日本庭園を埋め尽くしました。

こんな人におすすめ

平安時代初期の京都を感じたい人

同じ門跡寺院でも、仁和寺は国風文化が発達してきた頃の京都を見せてくれますが、大覚寺はまだ唐の文化を色濃く残した大陸風の平安時代初期の息吹を伝えてくれます。

写経をしたい人

京都では最も古い写経の寺。嵯峨天皇直筆の「勅封《ちょくふう》般若心経」が大切に伝えられ、写経が重視されている寺院です。五大堂内で、参拝者の写経を受け付けています。

ガイドポイント

嵯峨御流の作品❶

常に季節の花が楽しめます。

嵯峨御流は嵯峨天皇を開祖とする華道の流派です。当流派は、伝統をふまえつつ「心粧華《しんしょうか》」という様式を発展させました。その基本は、植物本来の美を最大限に生かすことです。鹿鳴館《ろくめいかん》等を設計したジョサイア・コンドルは、「日本の生花は自然の法則を詳しく研究した末に打ち立てられた真の美的法則」と称賛しています。

表門を通り、拝観受付に行く前の左側の陳列棚にスケールの大きい生け花の作品が常時展示されています。毎週金曜日に嵯峨御流の師範によって陳列棚で新しい花が活けられます。大きな花器に幅が3・5m、高さが1・5mにもなる大作など3～4点が飾られています。

嵯峨御流の師範には、「甫」の字が名前に与えられます。これは1829年に大覚寺の花務職に任命され、嵯峨御流の名を全国に広めた未生斎広甫《みしょうさいこうほ》（1791～1861年）にちなみます。

1829年は、幕府が倹約政策から消費拡大へ転換した文政年間にあり、ペリー来航前の比較的穏やかな時代でした。浮世絵・歌舞伎といった文化とともに、生け花もこの頃広く普及した文化であることがわかります。

宸殿《しんでん》❷

元は東福門院（後水尾天皇の中宮）の御所だったと伝わる建物です。

当時、後水尾天皇との関係維持に腐心していた幕府は、大覚寺の門主が後水尾天皇の伯父、実弟、皇子と受け継がれていた経緯もあり、当寺には格別の配慮をしました。

宸殿の左近の梅❸

日本と中国の関係がしのばれる梅です。

日本が唐をお手本にしていた時代は、御所の紫宸殿前に中国原産の梅と橘を植えていました。

その後、「左近の桜、右近の橘」へと変化していきますが、大覚寺では唐文化を愛した嵯峨天皇や当寺を整備した菅原道真をしのび、宸殿の南階下の東方には梅が植えられています。

御影堂《みえいどう》❹

大覚寺の歴史に大きな役割を果たした人々の像を安置している建物です。

飛鳥寺の伽藍配置が仏塔を中心に据え、釈迦に最も敬意を表しているように、大覚寺では空海、嵯峨天皇、後宇多天皇、恒寂《ごうじゃく》法親王（大覚寺の開山。嵯峨天皇の甥にあたる）を祀る御影堂を中心に据え、最高の敬意を表しています。

特異な伽藍配置

御影堂を中心に構成されています。

御影堂の項でも述べたように、大覚寺では仏塔のかわりに御影堂が中心に配置されているのが特徴です。その理由は、大覚寺が国家のためなどではなく、個人のために建てられた寺だからです。五大堂と宸殿は御影堂を守る狛犬のような位置に配置されています。

さらに御影堂は、宸殿や五大堂より、廊下の段差でいえば4段分（約80㎝）高くつくられています。大覚寺は東寺のようにきれいな平地に建っていますが、このように建物の重要度が位置（高さ）の違いで表現されているのです。

また、重要建築物を単立させ、廊下で結んでいることも特徴です。二条城の二の丸御殿も、独立した建物を雁行状に配置し廊下でつなぐことで、火災の拡大を防ぐ工夫がしてありますが、大覚寺では各建造物の空間をより広く確保してあります。

大沢池《おおさわ》 ❺

日本最古の庭池です。

嵯峨天皇が唐の洞庭湖《どうていこ》を模してつくらせたという日本最古の人口林泉は、周囲が約1㎞あります。大沢池の北畔には、20基を超える石仏が安置されています。石仏は人の供養のためにつくられたり、安全祈願の目的で設置されたりします。

なかには1000年以上経っているものもあります。

五社明神《ごしゃみょうじん》 ❻

鬼門の位置から御影堂を守る神社です。

五社は伊勢外宮、伊勢内宮、八幡宮、春日宮、住吉宮です。

閼伽井《あかい》 ❼

閼伽とは仏前に備える水のことで、閼伽井はその水をくむ井戸です。

心経宝塔《しんぎょうほうとう》 ❽

1967年に、嵯峨天皇心経写経1150年を記念して建立されたものです。

塔の前に「五蘊《ごうん》」と書かれた石碑があります。五蘊は仏教の教えの神髄ともいうべきもので、現象界の存在の五種の原理を表します。一切の存在は物質（色）・感覚作用（受）・表象作用（想）・意思（行）・認識作用（識）の五つから成り立っており、一定不変の物などない、ゆえに執着をしても意味がないことを説いています。

ガイディングの
ミニアドバイス

フランス人には、嵯峨院（大覚寺の前身）は古典主義文学の母体をつくったランブイエ侯夫人の文芸サロンに近いものだったと説明すればいいでしょう。前述した書道以外にも、橘逸勢は琴の名手として、小野篁は秀でた漢詩と和歌の能力で天皇の心を潤しました。

さらに、137頁の「ここがすごい」でも述べましたが、大覚寺は有名な時代劇ロケスポットです。

例えば、表門は評定所（裁判所）、旗本屋敷、藩邸（高級官僚の邸宅）として撮影されますし、明智門は代官所（区役所・税務署）、町奉行所（警察署）として、五社明神付近は江戸市中を表わすのに用いられます。

大沢池及び周辺も、大川端（隅田川の吾妻橋から新大橋付近）、深川（江戸の花街）、浅草（金融街、歓楽街）として撮影されているので、それらを見ながら江戸時代の日本を説明するといいでしょう。

そして、大沢池には、華道の嵯峨御流発祥の地ともいうべき小島が浮かんでいます。菊ケ島です。嵯峨天皇がこの島に咲く可憐な菊を手折り、花瓶にさした際に、「天地人」の三才を備えた姿に感動したという逸話にさかのぼります。今は手入れされた松が二本植わっていて、まるで島を鉢に見立てた大きな盆栽のようです。

外国人は菊ケ島の松でも「オー、ボンサイ！」と美しさに感動します。私はその松を盆栽とは呼ばないことは教えますが、洗練された人工美を理解してくれたことには敬意を表します。本来の定義からいえば盆栽ではありませんが、生け花も、庭園の樹木も「植物本来の美を最大限に生かす」という点ではすべて盆栽につながる共通点があります。

ちなみに、大覚寺門前あたりは比較的古くから別荘地であるため、ここを通る時に日本の富裕層の住宅に興味を示されるお客様もいます。

ガイディングのミニアドバイス

より美しい記念写真を撮るために

大覚寺で写真撮影をする際は、太陽光との関係で、午前中は五大堂から南東の唐門を山をバックに撮ると美しく、午後は五大堂の広縁から東に向かって大沢池を撮ると見事なショットになります。村雨の廊下は、腰をかがめて低い位置から撮れば特徴がよく出ます。

BEST PHOTO SPOT!

1. 式台玄関前に雲海のように低く植えられた松をはさんで式台を撮影
2. 霊明殿《れいめいでん》の西側の小川（曲水の宴ができるような形状）を撮影
3. 大沢の池を反時計回りに4分の1進んだあたりから、西に見える五大堂を撮影

あわせて行きたい

周辺スポット

春なら佐野藤右衛門邸（「桜守」第十六代、佐野藤右衛門氏の邸宅）や、広沢の池の桜がおすすめ。徒歩20分程度で竹林、嵐山の主要スポットにも行けます。

また、東に進めば、タクシーでも比較的安価で行ける距離に仁和寺、龍安寺、妙心寺、金閣寺があります。

DATA

大覚寺

京都市右京区
嵯峨大沢町4
☎075-871-0071

料金：
大人500円

所要時間の目安：
◎約30分
⇒大沢池周辺は省略して、宸殿を中心に
◎約1時間〜1時間半
⇒大沢池含め、境内全体をじっくり拝観

境内図

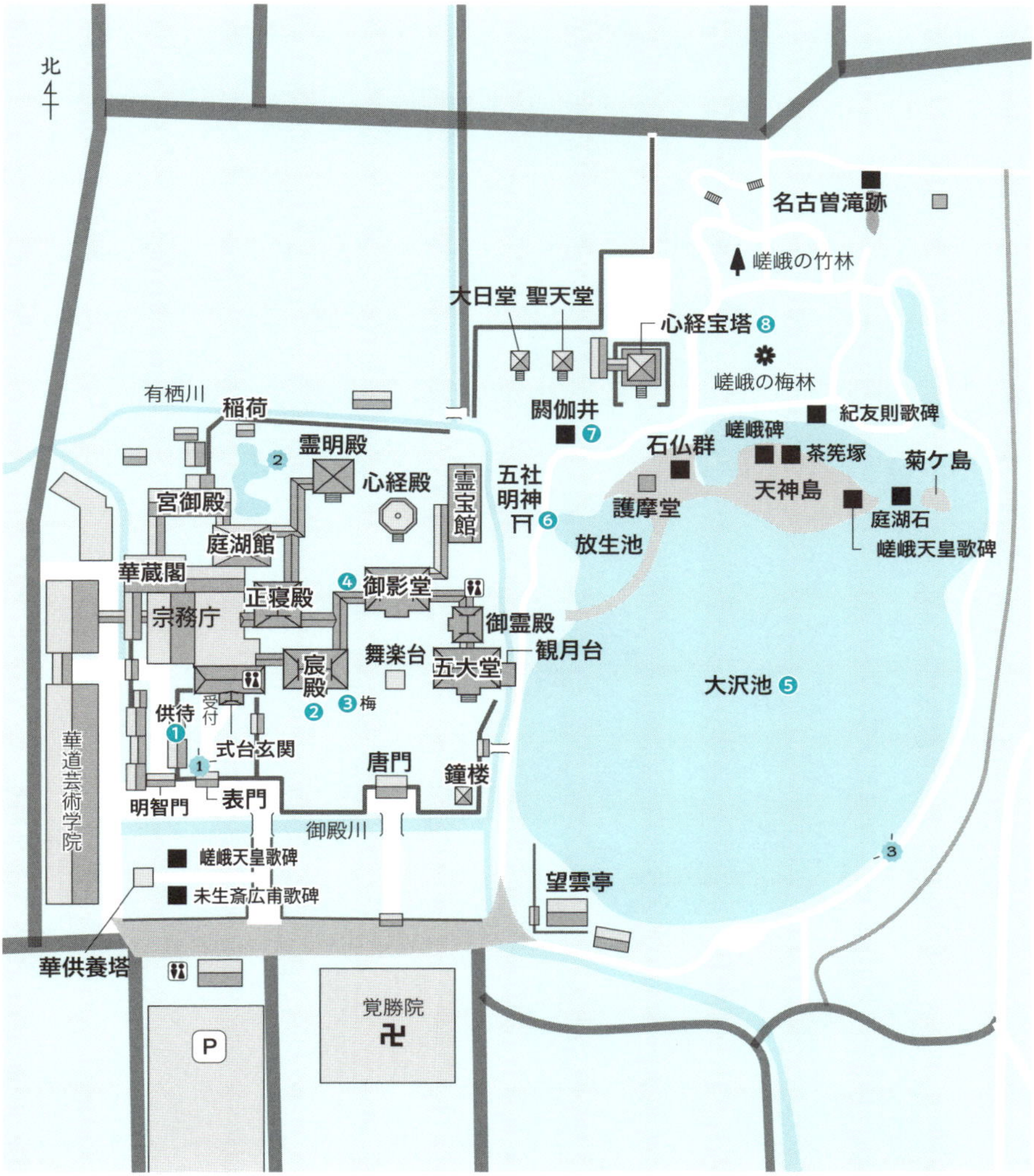
北
名古曽滝跡
嵯峨の竹林
大日堂
聖天堂
心経宝塔 8
嵯峨の梅林
有栖川
稲荷
閼伽井 7
紀友則歌碑
嵯峨碑
石仏群
茶筅塚
菊ケ島
2
霊明殿
心経殿
霊宝館
五社明神 6
護摩堂
天神島
庭湖石
嵯峨天皇歌碑
宮御殿
庭湖館
放生池
華蔵閣
4
御影堂
正寝殿
宗務庁
御霊殿
観月台
舞楽台
宸殿
五大堂
大沢池 5
受付
2
3 梅
供待
1
式台玄関
1
唐門
鐘楼
明智門
表門
御殿川
華道芸術学院
嵯峨天皇歌碑
未生斎広甫歌碑
3
望雲亭
華供養塔
覚勝院
卍
P

point

実在した人物がはじめて
「カミ」に祀られた神社
室町時代からの
歴史をもつ花街も必見

北野天満宮《きたのてんまんぐう》

北野天満宮 って何？

怨霊を鎮めるために10世紀半ばに建てられた神社です。

菅原道真《すがわらみちざね》が、勢力争いのため無実の罪を着せられ、非業の死を遂げました。その後、道真を冷遇した藤原家に次々と不幸が訪れ、天変地異が頻発します。朝廷や藤原家に限らず民衆までもが不安を覚え、10世紀半ば、怨霊鎮魂のために北野天満宮が建立されました。道真という実在した人物を「カミ」として祀った、初めての神社です。

北野天満宮の地は元々、空海が没した翌年の836年、藤原良房が延暦寺と連携し、空海の東寺から祭祀の主導権を奪い返し、「遣唐使の安全祈願」を行うために天《てん》神《じん》地《ち》祇《ぎ》(天の神と地の神)を祀ったところです。その約100年後に、自身の子孫の陰謀で非業の死を遂げた政敵を神として祀ることになるとは良房も夢にも思わなかったことでしょう。

北野天満宮の ここがすごい！

香り豊かな梅の花、紅葉に新緑も

梅を愛した菅原道真にちなんで、境内の「梅苑」には50種、約1500本の梅の木が植えられており、3月の梅の季節には美しい梅の花と香りが満喫できます。また、もみじ苑もあり、秋の紅葉や初夏の新緑の季節も豊かな自然を感じることができます。

桃山調の豪華な本殿

メインの建物である本殿には、武士が好む絢爛豪華な様式が見られます。これは現本殿が、武士である豊臣秀頼によって造営されたためです。毎月25日にはライトアップが行われ、幻想的な眺めを見ることができます。

多くの石灯籠や絵馬、摂社《せっしゃ》や末社《まっしゃ》

北野天満宮の境内には、本殿を囲むように50の小さな神社（摂社・末社）が建ち並んでいます。菅原道真ゆかりの人々をおまつりした社もあり、ご利益も様々です。

法務局の役割も

北野天満宮も他の神社仏閣同様に、時代の移り変わりとともにその役割や性格に変遷がありました。平安時代に怨霊鎮魂の社として出発しましたが、鎌倉・室町時代には起請《きしょう》文《もん》を預かる「法務局」のような役割をも担う神社になりました。

起請文とは誓約書のことで、簡単に反故《ほご》にさせないように「神に誓う」形で書かれました。それを北野天満宮が預かっていたのです。

こんな人におすすめ

神道に興味がある人
あえて神社を3つに大別すると、①神話系、天皇祖先系②怨霊鎮魂系③英雄系に分けられます（26頁参照）。北野天満宮は②のタイプで、このタイプの神社は民衆の不安や不満に対し目に見える形で応えるという役割があり、しばしば市中に建立されます。

現代日本の風俗、習慣を知りたい人
北野天満宮は、菅原道真が和歌や漢詩などに優れていたことから、「学問の神様」として受験生が多く訪れ、絵馬やお守り、おみくじを購入します。

絵馬所 ❶

17世紀末に建てられた、古くて大きな絵馬がたくさん掛けられている場所です。

絵馬を奉納する風習は奈良時代にさかのぼりますが、信長、秀吉の頃に大きな飛躍を見ました。本職の絵師が絵馬の制作にかかわるようになり、絵馬所や絵馬堂と呼ばれる建物が、絵師たちの腕を競うギャラリーのようになりました。絵馬所に奉納されている洗練された絵師の作品を見て、絵師たちはお互いに切磋琢磨しました。

そもそも絵馬とは、神社に願い事をする時や、願い事がかなった時に、木片に願い事や絵などを書いて神社に奉納するものです。現代では神社で用意された小さな木片を個人で購入し、願い事を書くのが一般的ですが、かつては本物の馬が奉納されていました。これは、馬が神様の使いと考えられていたためです。やがて馬が木の板で代用されるようになり、絵が描かれるようになったといわれています。

北野天満宮の絵馬所は、規模、歴史において現存する絵馬所のなかでも随一といわれています。このような大きな神社では、奉納される絵馬の数も規模も大きく、絵馬所の屋根裏には所狭しと大きな古い絵馬が掛けられています。

摂社、末社 ❷

神社の境内にある、小さな神社です。参拝者は様々なご利益を一度の訪問でもらって帰れます。

神社の境内にある小さな社《やしろ》は摂社、末社といいます。摂社も末社も本社に付属する神社で、現在では両者を区別する規定はありません（一般的には、本社祭神にゆかりのあるものを摂社、それ以外を末社と呼びます)。明治維新後に制定され、第二次世界大戦後に廃止された「近代社格制度」では、摂社が末社より格上に規定されていました。

八百万《やおよろず》と表現される日本の神々は、一つとして全知全能でも絶対神でもありません。それぞれの神が固有の得意分野(特別なご利益、霊験)を持っています。一つの神社にお参りに来て、その境内に様々な御利益の神様が祀られていると、一回で何種類もの願い事をすることができます。神社側も本社に加えて付加価値を付けられ、参拝者の期待に応えられるので、たくさんの神を祀るようになりました。

摂社、末社は幅や奥行きが一間《いっけん》(約1・8m)四方を基準に、二間四方、三間四方と様々な大きさに建てられています。最小の社殿は敷地が1・8m四方ですから、社殿そのものは幅や奥行きが数10㎝しかありません。その代表が猿田彦神社で、敷地が一間四方、屋根が苔むした社は約80㎝四方の可愛らしいものです。

ライバルに陥れられ、左遷されて無念の死を遂げた菅原道真
む、無念…
ぐふぐふぐふふ
藤原時平
醍醐天皇
その後、都では不幸や天変地異が頻発…
ゴロゴロ…
ザッパァ
わあ
ギャア
道真の怨霊のしわざと恐れた朝廷は道真を祀る社殿を造営しました
ドロドロドロドロ…
ヒイイイ
これが北野天満宮の起源
実在する人物を「カミ」として祀った、初めての神社です

野見宿祢《のみのすくね》神社には、埴輪《はにわ》を考案して生贄《いけにえ》の悪習を断つきっかけをつくった野見宿祢が祀られています。神道にはドルイド教やバラモン教などの古代宗教同様、生贄の風習がありました。ケルト人が信仰していたドルイド教には神道に共通する点が多く、欧州人には比較例証に使えます。

ちなみに、日本の各神社には固有のご利益を持った主祭神が祀られていますが、伏見稲荷大社《ふしみいなりたいしゃ》なら商売の神で聖ホモボナス、もしくは酒の神でバッカス、地主《じしゅ》神社、野宮《ののみや》神社なら良縁の神で聖バレンタインなど、それぞれのご利益と守護聖人とを組み合わせると、欧州人には理解しやすいでしょう。

三光門 ❸

神社の中門です。

ひときわ壮麗なつくりと、17世紀の天皇によって書かれた『天満宮』の額によって、北野天満宮のシンボル的な建築として知られています。日、月、星の彫刻が梁《はり》の間にあるため、「三つの光の門」と呼ばれていますが、星の彫刻だけが見られないともいわれています。その理由は、かつて朝廷があった大《だい》極殿《ごくでん》から望むと、ちょうどこの門の上に北極星が輝くためと伝えられています。

本殿 ❹

菅原道真を祀っている、メインの建物です。

この建物は、16世紀末に天下の政権を掌握した武将、豊臣秀吉の遺命で、息子の豊臣秀頼《ひでより》が造営したものです。そのため、黄金色に輝く装飾、精緻な彫刻など、秀吉が好む絢爛豪華な様式が見られます。

本殿と、本殿を拝するための拝殿が土間でつながれ、さらに八つの独立した建物が一つの建築物を構成するという独特の構造を持っています。本

来、神道の建造物はシンプルさを大きな特徴とするのですが、桃山から江戸期の北野天満宮や日光東照宮などは、建立者の威光を見せつけるため、少々ごてごてとしたロココ調ともいえる構造と外観になっています。

樹齢１０００年超のご神木⑤

絵馬所の西にご神木を祀る大杉社があります。

手当てが施されている様子から、長年の風雪や落雷を生き抜いてきた様子がわかります。歴史を見続けてきた重みを感じます。

石灯籠と牛の像

石灯籠は、石でできた照明器具です。

北野天満宮には、様々な種類の石灯籠があります。

境内に多数見られる石灯籠は、石に刻まれた年代から、明治維新以降に寄進されたとわかるものがほとんどです。神仏分離令により神道が盛んになったことを反映しています。楼門前に「延宝五年」（１６７７年）と刻まれた石灯籠もあり、歴史の古さもうかがえます。

境内で最古とされる伝説の石灯籠が三光門を入ってすぐ右にあります。剛勇で名高い平安時代中期の武将、渡辺綱《わたなべのつな》（９５３～１０２５年）が寄進したものと伝えられています。

御影石《みかげいし》は野晒しだと最長でも７００年しかもたないので、オリジナルではないでしょうが、摩耗が激しく古びた感じにすごみがあります。

また、境内には牛の像がたくさん置かれています。これは、菅原道真に「丑年に生まれた」「牛に乗って大宰府へ下った」などの、牛にまつわる伝承が多く残されているためです。

ちなみに、境内に横たわっている牛は、すべて本殿の南（下座）に置かれ、北側にはありません。そして、すべての牛さんが天神様を拝むように頭を北に向けていて、お尻を向けているものはいません。

ガイディングのミニアドバイス

菅原道真は、お客様のわかる歴史上の人物に喩えて説明すると理解してもらいやすくなります。非業の死を遂げたという点では、イギリスで王と対立して暗殺されたトマス・ベケット、学問の神という点では、ギリシャ神話のミネルヴァといった具合です。イギリスでは天変地異が少ないので、怨霊信仰は生まれませんでした。ちなみに、欧米ではミネルヴァ像を教育機関に設置することがあり、二宮尊徳との比較などで話題を広げることができます。

また、朱塗りの地主社の東から南西に目を向けると、八棟造り（形が複雑で棟が多く、破風《はふ》も多い豪壮な屋根を持つ建築様式）の本殿が最も美しく見えます。

1 絵馬掛所で、朱塗りの鳥居と房のように盛り上がった多数の絵馬を撮影

2 絵馬掛所から南東にレンズを向け、幾重にも重なる屋根が美しい本殿を撮影

3 太鼓橋を西に渡り切った場所から、北東にレンズを向けて三光門を撮影

あわせて行きたい 周辺スポット

東門を出てすぐの花街、上七軒《かみしちけん》も訪れておきたいスポットです。北野天満宮再建時に、余った資材で七軒の茶屋を建て、それが名前の由来となったといわれています。また、嵐電北野白梅町駅まで徒歩5分程度ですので、嵐山沿線にある龍安寺や妙心寺、仁和寺《にんなじ》、嵐山等の観光スポットへのアクセスが便利です。

DATA

北野天満宮

京都市上京区馬喰町
☎075-461-0005

料金：
境内自由
宝物殿　大人500円
梅苑　大人700円

所要時間の目安：
◎約30分⇒さらりと一周
◎約40分⇒季節が合えば梅苑（2月初旬頃〜）、青もみじ（5月上旬頃〜）、もみじ苑（10月下旬〜）も楽しんで

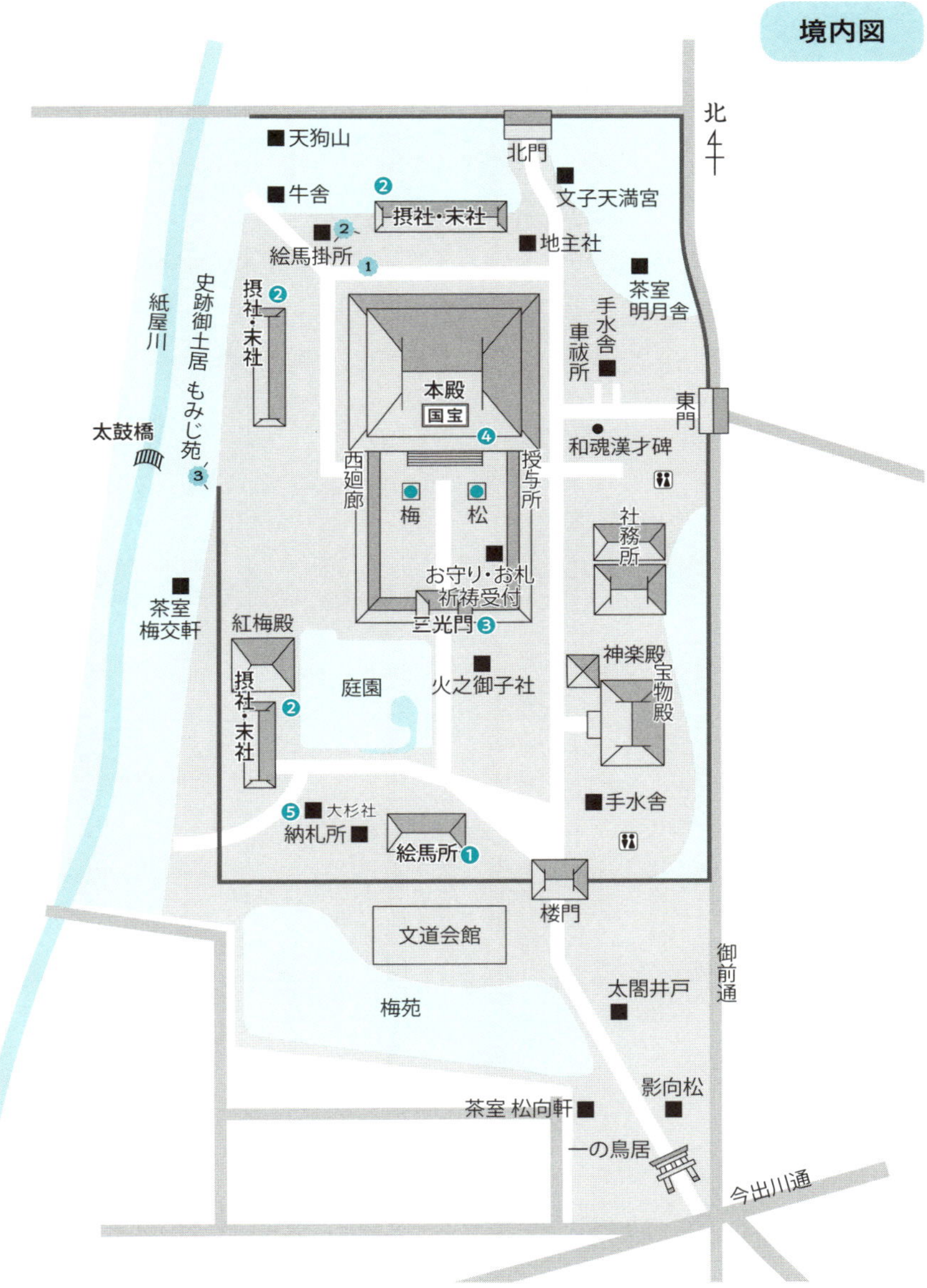
境内図
北
天狗山
北門
牛舎
文子天満宮
摂社・末社
地主社
絵馬掛所
茶室
明月舎
紙屋川
史跡御土居
もみじ苑
摂社・末社
手水舎
車祓所
本殿
国宝
東門
太鼓橋
和魂漢才碑
西廻廊
授与所
梅
松
社務所
お守り・お札
祈祷受付
茶室
梅交軒
紅梅殿
三光門
神楽殿
宝物殿
庭園
火之御子社
摂社・末社
手水舎
大杉社
納札所
絵馬所
楼門
文道会館
御前通
太閤井戸
梅苑
影向松
茶室 松向軒
一の鳥居
今出川通

しょうぐんづか・せいりゅうでん

将軍塚・青龍殿

point

平安京の安全を見守るため、甲冑を着た土人形が埋められている塚
京都盆地が一望でき、平安京成立当初から軍事的要衝

将軍塚って何？

8世紀末、桓武天皇が平安遷都に際して、安全祈願のため土の人形を埋めたと伝えられている塚です。

平城京から長岡京に遷都を試みた（７８４年）ものの、朝廷は天変地異などで多難続きでした。そこで当時の官吏（和気清麻呂《わけのきよまろ》）は、再度遷都をすべく桓武天皇に進言し、天皇を華頂山《かちょうざん》の山頂（標高２１６ｍ）まで誘い、三方山に守られ、帯のように川も流れる京都盆地の地形を見せ、天皇に平安京遷都を決意させました。

華頂山は、花折断層がいったん途切れて安全なうえに、粟田口《あわたぐち》を眼下に見下ろす好位置にあります。粟田口は現在の東山三条白川橋から蹴上《けあげ》あたりをさし、洛中から東海道、東山道、北陸道への出入口で軍事上の要衝です。

桓武天皇は、その重要地点を見下ろす華頂山の山頂に、都の安全祈願のため、高さ約２・５ｍの土の武将像をつくり、これに鎧兜《よろいかぶと》を着せて鉄の弓矢を持たせ、太刀《たち》を帯びさせここに埋めるように命じました。この塚が将軍塚と呼ばれるようになりました。

将軍塚・青龍殿の
ここがすごい！

日本の武道場がある

将軍塚にある青龍殿《せいりゅうでん》は、元々柔道や剣道の道場としてつくられたものです。１９１４年に大正天皇即位を記念して北野天満宮の南に建てられました。その後、損傷が激しくなり解体されましたが、青蓮院《しょうれんいん》が歴史的文化遺産の継承を決意し、現在の場所に移築再建しました。板敷きの武道場に畳敷きの観覧席が敷設されています。

清水の舞台の４・６倍の広さの大舞台

今や将軍塚最大のアトラクションである大舞台は、その広さゆえに爽快感が味わえます。面積は１０４６㎡、畳なら６４６畳分です。二条城の二の丸御殿の大広間が１８８畳ですから、その広さがうかがえます。

様々な植物が楽しめる

桜の季節には、展望台から境内の木々に咲き誇る桜花を眼下に眺めることができます。

また、将軍塚は実は知る人ぞ知る「花の園」。紅葉（２２０本）、桜（２００本）をはじめ、源平しだれ桃、藤、シャクナゲ、サツキの名所です。特に源平しだれ桃はガイドの救世主。桜の時季が終わる４月中旬頃に見ごろを迎え、桜に間に合わなかったお客様を薄紅色の桃の花が楽しませてくれます。

そして、紅葉の頃の枯山水は、一番奥に紅色の紅葉、その前に白く輝く岩々、それを引き立てるかのような緑の苔が前面に広がり、情熱的な赤色と、鎮静的な緑色に白色が分け入った、不思議で宇宙的な空間が現れます。

こんな人におすすめ

壮大な景色を見たい人
初めて大舞台を訪れた人からは例外なく歓声があがります。お友達やお客様を楽しませてあげたい人にもおすすめです。

写真を撮りたい、SNSに投稿したい人
どこを切り取っても絵になります。お気に入りの風景を思い思いに撮るのに最適な訪問スポットです。

静かな雰囲気で風景を楽しみたい人
人込みに出会うことが滅多にないので、雄大な眺めを前に物思いにふけるのもいいでしょう。

ガイドポイント

青龍殿《せいりゅうでん》 ❶

華頂山山頂の大護摩堂です。

大護摩堂は、護摩を行うための建物です。護摩とは、密教で護摩壇を設け、護摩木を焚いて息災、増益、降伏《ごうぶく》などを本尊に祈ることをいいます。降伏は調伏《ちょうぶく》や呪詛《じゅそ》とも表現され、人を呪い殺すことも意味します。

２０１４年10月、国宝の青不動《あおふどう》を祀る大護摩堂「青龍殿」が建立されました。武道場を移築再建した部分と、新たに建て増しされた部分で構成されています。東山にあることにちなみ、四神のうち東の守護神、青龍が堂の名前に冠されました。

青不動

青蓮院の寺宝中の寺宝です。

絹本《けんぽん》礼拝画像です。絹本とは書画を書くための絹地で、本作品では濃茶褐色の地色の絹に、朱と丹《に》で燃え盛り揺らめく炎が描かれています。

炎の中央に憤怒《ふんぬ》の青不動が岩に坐しています。11世紀に制作された大作で、縦20㎝、横１４９㎝。国宝に指定されています。本体は奥殿に保管され、精緻な複製が青龍殿に祀られています。

不動明王は、ヒンドゥー教の三大神の一神である「シヴァ神」が化身《けしん》したもので、その炎は妄念や煩悩、災いを焼き尽くす力を表現しています。

不動明王は山伏のように、深山幽谷《しんざんゆうこく》に籠《こも》って厳しい修行をするものを特に目をかけて守ってくれますので、元来山岳信仰の盛んな日本の風土に溶け込みました。それが、憤怒の外見とは裏腹に、古くから日本人には「お不動さん」として親しまれてきたゆえんです。

大舞台❷

京都盆地を説明するのに最適な場所です。京都の地理的特徴を眼前に広がるパノラマで説明できます。

盆地中央に、深い木々に包まれ鎮座する京都御苑、三方が山に囲まれ、その中の五山には、送り火で火が灯される文字もはっきりと見えます。高野川と賀茂川が合流して鴨川となる合流点や、その三本の河川が形成する「Y」の文字もこの大舞台からは鮮明です。

京都盆地は北から南に下るように傾斜があり、地下水も豊富な土地柄です。平城京は土地が平坦なことで、人口増加にともない増加した廃棄物が流れず、その処理に苦労し、また水源不足にも悩まされました。そういった地理的環境も平安遷都の一因になりました。

枯山水《かれさんすい》庭園❸

昭和の偉大な作庭家（中根金作《なかねきんさく》）による名庭です。

中根金作（1917～95年）は、「昭和の小堀遠州」とも称えられる作庭家で、代表作に島根県の足立美術館庭園、妙心寺退蔵院《たいぞういん》余香苑《よこうえん》などがあります。

枯山水庭園を「回遊」して楽しむしつらえになっています。曲線を多用した小道には、足元に小ぶりの石灯籠がいくつも並べられ、まるで七人のこびとのように訪問者を迎えてくれます。途中、東屋風の家の形をした灯籠がありますので、是非見つけてください。

メインの枯山水庭園には、巨石も含め50個以上の石が配置されていて圧巻です。

将軍塚《しょうぐんづか》❹

平安京安泰を祈願した塚です。

華頂山の山頂に直径約20m、高さ約2m、周囲約64mの円墳があります。この中に、甲冑《かっちゅう》を身にまとった土人形が、平安京の安全を祈願するために埋められています。この人形は桓武天皇の治世に、京都盆地を守護するため西向きに安置されました。後に嵯峨天皇の治世に、東北平定と平安京の恒久化に貢献した坂上田村麻呂（36頁清水寺の項参照）が没した際に、この土人形のように、甲冑姿で陸奥国《むつのくに》に向かって立ったまま葬られたといわれています。

1919年の発掘調査により、葬られた場所が「西野山古墓《こぼ》」である可能性が高いことがわかりました。西野山古墓は清水寺から東南約2㎞の山科盆地西部にあり、当時の調査で副葬品とみられる、純金で装飾を施された太刀、金銀の鏡、鉄製の鏃《やじり》などが出土しました。

将軍塚のある華頂山は、現在では青蓮院（将軍塚は同寺の飛び地境内）と知恩院の裏山になります。青蓮院は天台宗の門跡《もんぜき》寺院で、延暦寺と深い関係があります。青蓮院門跡を経て天台座主《ざす》（延暦寺のトップ）になる事例が多く、カトリック教会に喩えると、青蓮院門跡が枢機卿《すうききょう》（Cardinal）で、天台座主が教皇（Pope）といったところでしょうか。

徳川家康は延暦寺に楔《くさび》を打ち込むかのように、菩提寺の宗派である知恩院を拡張整備し、隣に建つ青蓮院を牽制しました。知恩院は江戸時代、京都における徳川家の事実上の要塞でした。さらに軍事の要衝である粟田口には、その東に位置する南禅寺に筆頭ブレーンの以心崇伝《いしんすうでん》を住持に据え、京都東部の防衛を盤石《ばんじゃく》にしました。

ガイディングのミニアドバイス

専用車付きツアーで晴天の日なら、何としても朝一番に訪れたいスポットです。東からの太陽で鮮やかに広がる京都市が堪能できます。

天気に恵まれれば大阪まで見渡せるため、京都や大阪の位置関係、さらには日本全体の地理にまで解説を展開できます。

また、アメリカからのお客様には、「今から京都のドーチェスターの丘にお連れしましょう」といって、期待感を持ってもらうのもいいでしょう。ドーチェスターの丘は、アメリカ独立戦争勝利を決定づける要塞が築かれた、見晴らしの良い高台です。

大舞台がこのスポットの千両役者ではあるのですが、西展望台からの眺めも絶景です。特に桜の時季には西展望台こそが千両役者になります。

知る人は少ないものの、青龍殿の枯山水庭園は逸品です。完全な一本道の「回遊式」枯山水ですので、道に迷うことはありません。「After you」(お先にどうぞ)といってお客様に良い景色を楽しんでもらいましょう。出口に近い側から石橋を前景に入れた枯山水庭園は感動に値します。

BEST PHOTO SPOT!

1. 大舞台からの風景をバックに
2. 西展望台から青龍殿を、比叡山を背景にして撮影
3. 庭園内の東屋《あずまや》から将軍塚を撮影

あわせて行きたい 周辺スポット

比較的近い場所に、将軍塚を飛び地境内として所有している青蓮院があります。門跡寺院の格式ある建造物、小堀遠州作の池泉回遊式庭園が楽しめます。青蓮院の隣の知恩院は、武家風の力強さを感じる要塞のような寺院で、おすすめのスポットです。

DATA

将軍塚青龍殿
※バスを利用する際は時刻表を要確認

京都市山科区
厨子奥花鳥町28
☎ 075-771-0390

料金：
大人500円

所要時間の目安：
◎約30分
⇒さらりと一周し、大舞台からの眺めを満喫。春、秋はライトアップもおすすめ

おわりに

この度、伝統ある淡交社様から本書を執筆する機会をいただき、光栄の至りです。これからガイドを目指す人や、更なる飛躍を望んでいる現役のガイドの人にとって、何らかのヒントになるよう、私の経験とノウハウをこの一冊に込めました。

「外国人にどう伝えたらわかりやすいか」、試行錯誤を重ねてきた結果を惜しむことなく掲載していますので、ガイドを目指す人だけでなく、一般の方々にも楽しんでいただける本だと自負しています。

私が通訳案内士資格を取得してから半年ほどした頃、ガイドの先輩から電話で、その日にクレームが出たガイドの代役を急遽依頼されたことがあります。

ホテルに到着すると、鬼の形相のお客様ご夫婦と、困惑顔のコンシェルジュさん。お客様曰く、「前任のガイドは歴史の知識が皆無だった」とのこと。ご希望の訪問先を尋ねると、「清水寺、二条城、金閣寺は既に行った」とおっしゃったのです。これは当時の私のレパートリーのすべてでした。

万事休す！――自分も追い返される恐怖と戦いながらも錦市場、祇園をご案内し、おびただしい質問に、新人なりに一生懸命答えているうちに、雰囲気が少しずつなごんできました。そこで思ったのは、「前任のガイドが新人の自分より知識が少ないということはないだろうが、回答に誠意がなかったのではないか」ということでした。この体験を通して、ガイドの仕事の究極の目的は、お客様に楽しんで観光していただくことであると悟ったのです。

そして、外国人観光客は、「二条城の障壁画が誰

によって描かれた」とか、「金閣寺に何kgの金が使われている」といったことより、「いったい日本とはどういう国なのか」に興味があります。そのため、喜ばれるガイドのためには、大局観に立った学習が必要になります。

「昨夜、君から聞いた話をホテルのバーで会った客に教えてあげたよ」。2日続きでガイドしたお客様から聞いたこの言葉は、どんな誉め言葉より嬉しく感じました。「他の誰かに伝えたくなるような話」、それこそがガイドが目指すべきガイディング内容だと思っています。

　また、一度お仕事をご一緒した観光バスのドライバーさんから、企業の研修旅行のガイドをお願いされたこともあります。ガイドをするには並大抵ではない努力が必要ですが、その努力を見てくれている人は必ずいるものです。

　熱意のある優秀なガイドが増えれば、日本がより観光立国として発展すると期待しています。自然・文化財・料理など、観光で人を魅了するための要素は多々ありますが、最終的にはそこに住む人間、それも直接言葉を交わして接触するガイドの存在が、国のイメージをかたちづくるのではないでしょうか。

　ただ、ガイドの研修制度の中で、各分野の「知識を増やす」講義はあるものの、「それをどうプレゼンするか」というガイド術を学べる講義は非常に少ないのが現状です。今後必要となってくるのは、知識を上手に提供してお客様を楽しませるまでの、最後の「詰め」を研鑽できる研修ではなかろうかと思います。「桜と紅葉頼み」ではないガイドの魅力によって訪日客を増やしたい、それが私の願いです。

　最後になりましたが、本書を上梓するに際しまして淡交社編集局の奥谷佳奈氏、イラストレーターの海老佐和子氏、デザイナーの岩永聡子氏をはじめ、多くの方にお力添えをいただきましたことを厚く御礼申し上げます。

２０１８年９月

通訳案内士　杉原利朗

著者略歴

杉原利朗 **すぎはら としろう**

1958年 京都市生まれ。

全国通訳案内士。同志社大学工学部化学工学科卒。外食産業勤務を経て、寿司店を営む。47歳で通訳案内士資格取得、以降現職に従事。2013年から翌年までJFG(全日本通訳案内士連盟)理事。2012年から2017年まで京都市観光おもてなし大使を務める。

顧客の国籍や職業に特化した配布プリント、手作りの工作物、パネルなどを駆使し、楽しくてアカデミックなガイディングで高評価を得ている。

協力者一覧

デザイン ◎ いわながさとこ　山元美乃
地図 ◎ ウーム総合企画事務所(岩永忠文)
イラスト ◎ 海老佐和子(esk.s)

トップ通訳ガイドが伝える

京都案内の極意

2018年9月19日　初版発行

著　者　杉原利朗
発行者　納屋嘉人
発行所　株式会社 淡交社
本社　〒603-8588
京都市北区堀川通鞍馬口上ル
営業 075-432-5151
編集 075-432-5161
支社　〒162-0061
東京都新宿区市谷柳町39-1
営業 03-5269-7941
編集 03-5269-1691
www.tankosha.co.jp
印刷・製本　図書印刷株式会社

ISBN978-4-473-04267-5